心一堂術數古籍珍本叢刊

書名：《六壬卦課》《河洛數釋》《演玄》合刊
系列：心一堂術數古籍珍本叢刊　三式類　六壬系列　第二輯　233
作者：【民國】徐昂　撰
主編、責任編輯：陳劍聰
心一堂術數古籍珍本叢刊編校小組：陳劍聰　素聞　梁松盛　鄒偉才　虛白盧主

出版：心一堂有限公司
通訊地址：香港九龍旺角彌敦道六一〇號荷李活商業中心十八樓〇五－〇六室
深港讀者服務中心・中國深圳市羅湖區立新路六號羅湖商業大廈負一層〇〇八室
電話號碼：(852)67150840
網址：publish.sunyata.cc
電郵：sunyatabook@gmail.com
網店：http://book.sunyata.cc
淘寶店地址：https://shop210782774.taobao.com
微店地址：https://weidian.com/s/1212826297
臉書：https://www.facebook.com/sunyatabook
讀者論壇：http://bbs.sunyata.cc/

版次：二零一七年九月初版
平裝

定價：港幣　一百零八元正
新台幣　四百二十八元正

國際書號：ISBN 978-988-8317-72-1

香港發行：香港聯合書刊物流有限公司
地址：香港新界大埔汀麗路36號中華商務印刷大廈3樓
電話號碼：(852)2150-2100
傳真號碼：(852)2407-3062
電郵：info@suplogistics.com.hk

台灣發行：秀威資訊科技股份有限公司
地址：台灣台北市內湖區瑞光路七十六巷六十五號一樓
電話號碼：+886-2-2796-3638
傳真號碼：+886-2-2796-1377
網絡書店：www.bodbooks.com.tw
台灣國家書店讀者服務中心：
地址：台灣台北市中山區松江路二〇九號一樓
電話號碼：+886-2-2518-0207
傳真號碼：+886-2-2518-0778
網絡書店：http://www.govbooks.com.tw

中國大陸發行　零售：深圳心一堂文化傳播有限公司
深圳地址：深圳市羅湖區立新路六號羅湖商業大廈負一層〇〇八室
電話號碼：(86)0755-82224934

心一堂微店二維碼

心一堂淘寶店二維碼

心一堂術數古籍　珍本叢刊　總序
整理

術數定義

術數，大概可謂以「推算（推演）、預測人（個人、群體、國家等）、事、物、自然現象、時間、空間方位等規律及氣數，並或通過種種『方術』，從而達致趨吉避凶或某種特定目的」之知識體系和方法。

術數類別

我國術數的內容類別，歷代不盡相同，例如《漢書・藝文志》中載，漢代術數有六類：天文、曆譜、五行、蓍龜、雜占、形法。至清代《四庫全書》，術數類則有：數學、占候、相宅相墓、占卜、命書、相書、陰陽五行、雜技術等，其他如《後漢書・方術部》、《藝文類聚・方術部》、《太平御覽・方術部》等，對於術數的分類，皆有差異。古代多把天文、曆譜、及部分數學均歸入術數類，而民間流行亦視傳統醫學作為術數的一環；此外，有些術數與宗教中的方術亦往往難以分開。現代民間則常將各種術數歸納為五大類別：命、卜、相、醫、山，通稱「五術」。

本叢刊在《四庫全書》的分類基礎上，將術數分為九大類別：占筮、星命、相術、堪輿、選擇、三式、讖諱、理數（陰陽五行）、雜術（其他）。而未收天文、曆譜、算術、宗教方術、醫學。

術數思想與發展——從術到學，乃至合道

我國術數是由上古的占星、卜筮、形法等術發展下來的。其中卜筮之術，是歷經夏商周三代而通過「龜卜、蓍筮」得出卜（筮）辭的一種預測（吉凶成敗）術，之後歸納並結集成書，此即現傳之《易

經》。經過春秋戰國至秦漢之際，受到當時諸子百家的影響、儒家的推崇，遂有《易傳》等的出現，原本是卜筮術書的《易經》，被提升及解讀成有包涵「天地之道（理）」之學。因此，《易．繫辭傳》曰：「易與天地準，故能彌綸天地之道。」

漢代以後，易學中的陰陽學說，與五行、九宮、干支、氣運、災變、律曆、卦氣、讖緯、天人感應說等相結合，形成易學中象數系統。而其他原與《易經》本來沒有關係的術數，如占星、形法、選擇，亦漸漸以易理（象數學說）為依歸。《四庫全書．易類小序》云：「術數之興，多在秦漢以後。要其旨，不出乎陰陽五行，生尅制化。實皆《易》之支派，傳以雜說耳。」至此，術數可謂已由「術」發展成「學」。

及至宋代，術數理論與理學中的河圖洛書、太極圖、邵雍先天之學及皇極經世等學說給合，通過術數以演繹理學中「天地中有一太極，萬物中各有一太極」（《朱子語類》）的思想。術數理論不單已發展至十分成熟，而且也從其學理中衍生一些新的方法或理論，如《梅花易數》、《河洛理數》等。

在傳統上，術數功能往往不止於僅僅作為趨吉避凶的方術，及「能彌綸天地之道」的學問，亦有其「修心養性」的功能，「與道合一」（修道）的內涵。《素問．上古天真論》：「上古之人，其知道者，法於陰陽，和於術數。」數之意義，不單是外在的算數、歷數、氣數，而是與理學中同等的「道」、「理」--心性的功能，北宋理氣家邵雍對此多有發揮：「聖人之心，是亦數也」、「萬化萬事生乎心」、「心為太極」。《觀物外篇》：「先天之學，心法也。……蓋天地萬物之理，盡在其中矣，心一而不分，則能應萬物。」反過來說，宋代的術數理論，受到當時理學、佛道及宋易影響，認為心性本質上是等同天地之太極。天地萬物氣數規律，能通過內觀自心而有所感知，即是內心也已具備有術數的推演及預測、感知能力；相傳是邵雍所創之《梅花易數》，便是在這樣的背景下誕生。

《易．文言傳》已有「積善之家，必有餘慶；積不善之家，必有餘殃」之說，至漢代流行的災變說及讖緯說，我國數千年來都認為天災，異常天象（自然現象），皆與一國或一地的施政者失德有關；下至家族、個人之盛衰，也都與一族一人之德行修養有關。因此，我國術數中除了吉凶盛衰理數之外，人心的德行修養，也是趨吉避凶的一個關鍵因素。

術數與宗教、修道

在這種思想之下，我國術數不單只是附屬於巫術或宗教行為的方術，又往往是一種宗教的修煉手段--通過術數，以知陰陽，乃至合陰陽（道）。「其知道者，法於陰陽，和於術數。」例如，「奇門遁甲」術中，即分為「術奇門」與「法奇門」兩大類。「法奇門」中有大量道教中符籙、手印、存想、內煉的內容，是道教內丹外法的一種重要外法修煉體系。甚至在雷法一系的修煉上，亦大量應用了術數內容。此外，相術、堪輿術中也有修煉望氣（氣的形狀、顏色）的方法；堪輿家除了選擇陰陽宅之吉凶外，也有道教中選擇適合修道環境（法、財、侶、地中的地）的方法，以至通過堪輿術觀察天地山川陰陽之氣，亦成為領悟陰陽金丹大道的一途。

易學體系以外的術數與的少數民族的術數

我國術數中，也有不用或不全用易理作為其理論依據的，如揚雄的《太玄》、司馬光的《潛虛》。也有一些占卜法、雜術不屬於《易經》系統，不過對後世影響較少而已。

外來宗教及少數民族中也有不少雖受漢文化影響（如陰陽、五行、二十八宿等學說。）但仍自成系統的術數，如古代的西夏、突厥、吐魯番等占卜及星占術，藏族中有多種藏傳佛教占卜術、苯教占卜術、擇吉術、推命術、相術等；北方少數民族有薩滿教占卜術；不少少數民族如水族、白族、布朗族、佤族、彝族、苗族等，皆有占雞（卦）草卜、雞蛋卜等術，納西族的占星術、占卜術，彝族畢摩的推命術、占卜術……等等，都是屬於《易經》體系以外的術數。相對上，外國傳入的術數以及其理論，對我國術數影響更大。

曆法、推步術與外來術數的影響

我國的術數與曆法的關係非常緊密。早期的術數中，很多是利用星宿或星宿組合的位置（如某星在某州或某宮某度）付予某種吉凶意義，并據之以推演，例如歲星（木星）、月將（某月太陽所躔之宮次）等。不過，由於不同的古代曆法推步的誤差及歲差的問題，若干年後，其術數所用之星辰的位置，已與真實星辰的位置不一樣了；此如歲星（木星），早期的曆法及術數以十二年為一周期（以應地支），與木星真實周期十一點八六年，每幾十年便錯一宮。後來術家又設一「太歲」的假想星體來解決，是歲星運行的相反，週期亦剛好是十二年。而術數中的神煞，很多即是根據太歲的位置而定。又如六壬術中的「月將」，原是立春節氣後太陽躔娵訾之次而稱作「登明亥將」，至宋代，因歲差的關係，要到雨水節氣後太陽才躔娵訾之次，當時沈括提出了修正，但明清時六壬術中「月將」仍然沿用宋代沈括修正的起法沒有再修正。

由於以真實星象周期的推步術是非常繁複，而且古代星象推步術本身亦有不少誤差，大多數術數除依曆書保留了太陽（節氣）、太陰（月相）的簡單宮次計算外，漸漸形成根據干支、日月等的各自起例，以起出其他具有不同含義的眾多假想星象及神煞系統。唐宋以後，我國絕大部分術數都主要沿用這一系統，也出現了不少完全脫離真實星象的術數，如《子平術》、《紫微斗數》、《鐵版神數》等。後來就連一些利用真實星辰位置的術數，如《七政四餘術》及選擇法中的《天星選擇》，也已與假想星象及神煞混合而使用了。

隨着古代外國曆（推步）、術數的傳入，如唐代傳入的印度曆法及術數，元代傳入的回回曆等，其中我國占星術便吸收了印度占星術中羅睺星、計都星等而形成四餘星，又通過阿拉伯占星術而吸收了其中來自希臘、巴比倫占星術的黃道十二宮、四大（四元素）學說（地、水、火、風），並與我國傳統的二十八宿、五行說、神煞系統並存而形成《七政四餘術》。此外，一些術數中的北斗星名，不用我國傳統的星名：天樞、天璇、天璣、天權、玉衡、開陽、搖光，而是使用來自印度梵文所譯的：貪狼、巨門、祿存、文曲，廉貞、武曲、破軍等，此明顯是受到唐代從印度傳入的曆法及占星術所影響。如星命術中的《紫微斗數》及堪輿術中的《撼龍經》等文獻中，其星皆用印度譯名。及至清初《時憲曆》，置閏之法則改用西法「定氣」。清代以後的術數，又作過不少的調整。

此外，我國相術中的面相術、手相術，唐宋之際受印度相術影響頗大，至民國初年，又通過翻譯歐西、日本的相術書籍而大量吸收歐西相術的內容，形成了現代我國坊間流行的新式相術。

陰陽學——術數在古代、官方管理及外國的影響

術數在古代社會中一直扮演着一個非常重要的角色，影響層面不單只是某一階層、某一職業、某一年齡的人，而是上自帝王，下至普通百姓，從出生到死亡，不論是生活上的小事如洗髮、出行等，大事如建房、入伙、出兵等，從個人、家族以至國家，從天文、氣象、地理到人事、軍事，從民俗、學術到宗教，都離不開術數的應用。我國最晚在唐代開始，已把以上術數之學，稱作陰陽（學），行術數者稱陰陽人。（敦煌文書、斯四三二七唐《師師漫語話》：「以下說陰陽人謾語話」，此說法後來傳入日本，今日本人稱行術數者為「陰陽師」）。一直到了清末，欽天監中負責陰陽術數的官員中，以及民間術數之士，仍名陰陽生。

古代政府的中欽天監（司天監），除了負責天文、曆法、輿地之外，亦精通其他如星占、選擇、堪輿等術數，除在皇室人員及朝庭中應用外，也定期頒行日書、修定術數，使民間對於天文、日曆用事吉凶及使用其他術數時，有所依從。

我國古代政府對官方及民間陰陽學及陰陽官員，從其內容、人員的選拔、培訓、認證、考核、律法監管等，都有制度。至明清兩代，其制度更為完善、嚴格。

宋代官學之中，課程中已有陰陽學及其考試的內容。（宋徽宗崇寧三年〔一一零四年〕崇寧算學令：「諸學生習……並曆算、三式、天文書。」「諸試……三式即射覆及預占三日陰陽風雨。天文即預

定一月或一季分野災祥，並以依經備草合問為通。」

金代司天臺，從民間「草澤人」（即民間習術數人士）考試選拔：「其試之制，以《宣明曆》試推步，及《婚書》、《地理新書》試合婚、安葬，並《易》筮法，六壬課、三命、五星之術。」（《金史》卷五十一・志第三十二・選舉一）

元代為進一步加強官方陰陽學對民間的影響、管理、控制及培育，除沿襲宋代、金代在司天監掌管陰陽學及中央的官學陰陽學課程之外，更在地方上增設陰陽學課程（《元史・選舉志一》：「世祖至元二十八年夏六月始置諸路陰陽學。」）地方上也設陰陽學教授員，培育及管轄地方陰陽人。（《元史・選舉志一》：「（元仁宗）延祐初，令陰陽人依儒醫例，於路、府、州設教授員，凡陰陽人皆管轄之，而上屬於太史焉。」）自此，民間的陰陽術士（陰陽人），被納入官方的管轄之下。

至明清兩代，陰陽學制度更為完善。中央欽天監掌管陰陽學，明代地方縣設陰陽學正術，各州設陰陽學典術，各縣設陰陽學訓術。陰陽人從地方陰陽學肄業或被選拔出來後，再送到欽天監考試。（《大明會典》卷二二三：「凡天下府州縣舉到陰陽人堪任正術等官者，俱從吏部送（欽天監），考中，送回選用；不中者發回原籍為民，原保官吏治罪。」）清代大致沿用明制，凡陰陽術數之流，悉歸中央欽天監及地方陰陽官員管理、培訓、認證。至今尚有「紹興府陰陽印」、「東光縣陰陽學記」等明代銅印，及某某縣某某之清代陰陽執照等傳世。

清代欽天監漏刻科對官員要求甚為嚴格。《大清會典》「國子監」規定：「凡算學之教，設肄業生。滿洲十有二人，蒙古、漢軍各六人，於各旗官學內考取。漢十有二人，於舉人、貢監生童內考取。附學生二十四人，由欽天監選送。教以天文演算法諸書，五年學業有成，舉人引見以欽天監博士用，貢監生童以天文生補用。」學生在官學肄業、貢監生肄業或考得舉人後，經過了五年對天文、算法、陰陽學的學習，其中精通陰陽術數者，會送往漏刻科。而在欽天監供職的官員，《大清會典則例》「欽天監」規定：「本監官生三年考核一次，術業精通者，保題升用。不及者，停其升轉，再加學習。如能黽勉供職，即予開復。仍不及者，降職一等，再令學習三年，能習熟者，准予開復，仍不能者，黜退。」除定期考核以定其升用降職外，《大清律例》中對陰陽術士不準確的推斷（妄言禍福）是要治罪的。《大清律例・一七八・術七・妄言禍福》：「凡陰陽術士，不許於大小文武官員之家妄言禍福，違者杖一百。其依經推算星命卜課，不在禁限。」大小文武官員延請的陰陽術士，自然是以欽天監漏刻科官員或地方陰陽官員為主。

官方陰陽學制度也影響鄰國如朝鮮、日本、越南等地，一直到了民國時期，鄰國仍然沿用着我國的多種術數。而我國的漢族術數，在古代甚至影響遍及西夏、突厥、吐蕃、阿拉伯、印度、東南亞諸國。

術數研究

術數在我國古代社會雖然影響深遠，「是傳統中國理念中的一門科學，從傳統的陰陽、五行、九宮、八卦、河圖、洛書等觀念作大自然的研究。……傳統中國的天文學、數學、煉丹術等，要到上世紀中葉始受世界學者肯定。可是，術數還未受到應得的注意。術數在傳統中國科技史、思想史，文化史、社會史，甚至軍事史都有一定的影響。……更進一步了解術數，我們將更能了解中國歷史的全貌。」（何丙郁《術數、天文與醫學中國科技史的新視野》，香港城市大學中國文化中心。）

可是術數至今一直不受正統學界所重視，加上術家藏秘自珍，又揚言天機不可洩漏，「（術數）乃吾國科學與哲學融貫而成一種學說，數千年來傳衍嬗變，或隱或現，全賴一二有心人為之繼續維繫，賴以不絕，其中確有學術上研究之價值，非徒癡人說夢，荒誕不經之謂也。其所以至今不能在科學中成立一種地位者，實有數因。蓋古代士大夫階級目醫卜星相為九流之學，多恥道之；而發明諸大師又故為惝恍迷離之辭，以待後人探索；間有一二賢者有所發明，亦秘莫如深，既恐洩天地之秘，復恐譏為旁門左道，始終不肯公開研究，成立一有系統說明之書籍，貽之後世。故居今日而欲研究此種學術，實一極困難之事。」（民國徐樂吾《子平真詮評註》，方重審序）

現存的術數古籍，除極少數是唐、宋、元的版本外，絕大多數是明、清兩代的版本。其內容也主要是明、清兩代流行的術數，唐宋或以前的術數及其書籍，大部分均已失傳，只能從史料記載、出土文獻、敦煌遺書中稍窺一鱗半爪。

術數版本

坊間術數古籍版本，大多是晚清書坊之翻刻本及民國書賈之重排本，其中豕亥魚魯，或任意增刪，往往文意全非，以至不能卒讀。現今不論是術數愛好者，還是民俗、史學、社會、文化、版本等學術研究者，要想得一常見術數書籍的善本、原版，已經非常困難，更遑論如稿本、鈔本、孤本等珍稀版本。在文獻不足及缺乏善本的情況下，要想對術數的源流、理法、及其影響，作全面深入的研究，幾不可能。

有見及此，本叢刊編校小組經多年努力及多方協助，在海內外搜羅了二十世紀六十年代以前漢文為主的術數類善本、珍本、鈔本、孤本、稿本、批校本等數百種，精選出其中最佳版本，分別輯入兩個系列：

一、心一堂術數古籍珍本叢刊

二、心一堂術數古籍整理叢刊

前者以最新數碼（數位）技術清理、修復珍本原本的版面，更正明顯的錯訛，部分善本更以原色彩色精印，務求更勝原本。并以每百多種珍本、一百二十冊為一輯，分輯出版，以饗讀者。

後者延請、稿約有關專家、學者，以善本、珍本等作底本，參以其他版本，古籍進行審定、校勘、注釋，務求打造一最善版本，方便現代人閱讀、理解、研究等之用。

限於編校小組的水平，版本選擇及考證、文字修正、提要內容等方面，恐有疏漏及舛誤之處，懇請方家不吝指正。

心一堂術數古籍 珍本 整理 叢刊編校小組

二零零九年七月序

二零一四年九月第三次修訂

徐氏全書第二十三種

六壬卦課

南通徐　昂著

中華民國三十八年
南通翰墨林書局印

六壬卦課自序

予來庵中。王生出郭載跡六壬大全一書。謂展卷披圖。苦不知其門徑。予夙好此術。因取其卦課諸圖。類分條析。補闕訂譌。先之以推演之方法。用槩其餘。幷爲之說曰。遁甲六壬。皆易之委流耳。遁甲潛伏乾象。六壬亦基於乾。乾納甲兼納壬。干支一周。甲壬皆配子戌申午辰寅六轉。合外內之道也。六壬傳從課出。課從盤出。三傳配三才。卦自下生。而傳由上起。乾元在上。萬物資始。初傳配天。末傳配地。中傳配人。四課取四象。天道左行。課由右而左。初課太陽。次課少陰。第三課少陽。末課太陰。從日干時將推之支盤。由是而課而傳。天干寄宮之進退。月將配合之程序。日主剛柔之取用。貴人陰陽之分列。支盤順逆之旋轉。地支方位之推遷。與夫斗罡日躔神煞星宿天馬日祿飛魂伏殃及天月日支諸德之變化。推演探索。生剋旺衰。胥本諸五行。運於一心。而驗之事物。易有君子之道四。卜筮殿末。易大傳言之綦明。至誠之道。可以前知。性靈重於迹象。學者其識之哉。編稿既竟。卽以斯說弁諸卷首云。中華民國三十一年仲冬之月徐昂記於闞家庵廟中。

六壬卦課目次

六壬卦課

南通徐　昂著

推法

六壬支盤分配十二支。旁列十二將。順逆推轉。爲四課所從出。故推法首重支盤。四課除首課下列日干外。均列地支。從支盤中方位推移而出。故次及四課。三傳發用。從首課。或次課。或第三課。或末課。發用祇取每課上一字。次末兩傳與二三四課應者。多取每課上下兩支。其不與課合者較少。終推三傳。萬象呈矣。試擧旅卦實增課第一式以見例。

支盤

常虎
太白

玄武	辰巳午未	天空
太陰	卯　　申	青龍
天后	寅　　酉	句陳
貴人	丑子亥戌	六合

騰朱
蛇雀

甲戌日卯時亥將占。昂燈日干甲寄寅宮。月將十二支逆配。正月半雨水節配亥。推至十二月半大寒節配子。將居時位。支盤卯位爲亥將所居。寅位爲戌所居。故起支之子。由下方向左之第二位。移至左方向上之第三位。其餘諸支隨之而轉。惟月將與時同支者。十二支各安其本位。支盤不轉動。十干寄支宮。甲寄寅。乙寄辰。丙戊皆寄巳。丁己皆寄未。庚寄申。辛寄戌。壬寄亥。癸寄丑。陰支皆退一辰。如乙干陰木當地支陰木之卯宮。不寄卯宮而退寄辰宮。陰支逆數。故寄辰言退不言進。丁己辛癸等陰干類推。日干或取化合天干所寄之宮。於支盤中求其宮所居之地支。卽以其一支爲首傳之發用。震卦返吟第二課例詳後甲合己。乙合庚。丙合辛。丁合壬。戊合癸。間接寄宮。例可推求。時日方位。支盤既定。卽配貴人。貴人以亥子丑寅卯五支分配而用不及辰。巳午未申酉五支分配而用不及戌。甲陰貴戊陽貴在丑。甲陽貴戊陰貴在未。乙陰貴己陽貴在子。乙陽貴己陰貴在申。丙陰貴丁陽貴在亥。丙陽貴丁陰貴在酉。壬陽貴癸陰貴在卯。壬陰貴癸陽貴在巳。庚陰貴辛陽貴在寅。庚陽貴辛陰貴在午。舊說甲戊庚牛羊庚字乃兼字同聲之誤昂有說載拙著易學遁甲六壬商摧記庚宜與辛同貴人原書庚干亦依甲戊配貴人非也寅午誤倒卯時至申時用陽貴。酉時至寅時用陰貴。支盤由亥至辰。向左順轉。由戌至巳。向右逆轉。十二貴人以次程序。依之而推。本課占於甲日卯時。卯用陽貴。甲陽貴在丑。故支盤貴人列丑位。

四課

首課　戌甲　昂按日干甲寄寅宮。支盤戌居寅位。故首課以戌加日干甲上。戌既居寅位。則戌位

次課　午戌　爲午所居。故次課以午加戌上。日支爲戌。支盤午居戌位。故第三課以午加日支戌

三課　午戌　上。上下兩支與次課同。午既居戌位。則午位爲寅所居。故末傳以寅加午上。首課

末課　寅午　戌土受剋於甲木。次三兩課午火生戌土。末課寅木生午火。一剋三生。

三傳

戌 午 寅　昂按初傳戌從首課日干甲上所加之地支發用。次課午加戌上。故次傳以午系戌下。末課寅加午上。故末傳以寅系午下。戌在課中受剋。在傳中則生於午火。且值六合吉將。午火值白虎不利。而有寅木生扶。寅値天后吉將。終始皆吉。易經旅卦云。旅小亨。旅貞吉。六二陰小。得正而亨。俟五正位。應之則吉。次爻得童僕之象。第五爻譽命之象。皆貞吉所繇徵也。次傳地支在支盤中居初傳地支之位。末傳地支在支盤中居次傳地支之位。凡傳支有一不與課應者。除震卦返吟課第二式同人卦八專課第一第二第三等式又別貴課（缺卦名）外。多與支盤配位相應。三傳與四課支盤不應者。祇履卦昂星課第二式。

日干所寄支宮。爲他一支所居。與月將地支所居時位有相合者。凡有七課。震卦返吟課第一式寅申方位互易。其例有別。附列於末。

坤卦　重審課一　三傳申亥寅　丙戌日巳時申將

右課日干丙寄地支巳宮。支盤巳位爲申所居。申將居巳時之位。

又　二　寅未子　乙亥日辰時酉將

右課日干乙寄辰宮。支盤辰位爲酉所居。酉將居辰時之位。

同人卦　入專課三　酉酉酉　己未日未時酉將
右課日干己寄未宮。支盤未位爲酉所居。酉將居未時之位。
小畜卦　蕪淫課四　酉亥丑　丁巳日未時酉將
右課日干丁寄未宮。支盤未位爲酉所居。酉將居未時之位。
離卦　龍戰課二　辰巳午　乙卯日辰時巳將
右課日干乙寄辰宮。支盤辰位爲巳所居。巳將居辰時之位。
家人卦　玄胎課　申亥寅　甲寅日寅時巳將
右課日午中寄寅宮。支盤寅位爲巳所居。巳將居寅時之位。
卦名缺　拘鈐課一又二　午卯子　甲子日寅時亥將
右課日干甲寄寅宮。支盤寅位爲亥所居。亥將居寅時之位。
震卦　返吟課一　寅申寅　庚戌日寅時申將
右震卦日干庚寄申宮。支盤寅居寄宮之位。月將申居寅時之位。寅申互相易位。
日干寄宮多直接。亦有間接寄宮者。初傳從日干所合天干寄居地支之宮。取支位上所居之支爲用。
此間接寄宮。與直接之寄宮成對象。此例祇有兩課如左。

震卦　返吟課二　　三傳亥未辰　辛丑日巳時亥將

按右課初傳亥。四課中無此地支。乃取日干辛合丙化水。丙寄巳宮。支盤巳位爲亥所居故以巳上亥爲用。

卦名缺　別貴課　　亥午午　丙辰日卯時辰將

說本原書

按右課初傳亥。四課中不見。取日干丙合辛。辛寄戌宮。支盤戌位爲亥所居。故以戌上亥爲用。

六壬日干以外。皆用地支。支盤依月將居時位而定。四課之首。從日干寄宮而定。課與盤之推移有常。三傳則有常而無常。其例不一。茲就卦課列其三傳與日時月將。可依前列推法。得知支盤與四課之配合。初傳發用之例都十七條。從首課或次課或末課發用。其例各四。從第三課發用。其例三。中末兩傳與四課或應或否。傳課變格附後。其例凡八。同人八專課有兩傳同支者。有三傳同支者。斯之謂大同。同人之後以艮卦伏吟課終焉。艮止也。月將與時同支。支盤不動。天地萬物之動。以不動爲歸。艮成終而成始。循環相因也。

初傳從首課發用例

例一　初傳從首課日干上一字發用。次傳應第二課。末傳應第三課。

坎卦　涉害課四　三傳辰午申　甲午日辰時午將

蒙卦　天網課一　午辰寅　庚辰日午時辰將

例二　初傳從首課日干上一字發用。次傳應第二第三課。末傳應第四課。

旅卦　贅壻課一　三傳戌午寅　甲戌日卯時亥將

損卦　侵害課　子未寅　丙子日申時卯將

蠱卦　魄化課一　戌酉申　壬戌日

例三　初傳從首課日干上一字發用。次傳應次課。

坤卦　重審課一　三傳申亥寅　丙戌日巳時申將

比卦　知一課　戌酉申　壬辰日巳時辰將

坎卦　涉害課二　午辰寅　庚子日戌時申將

震卦　返吟課一　寅申寅　庚戌日寅時申將

漸卦　亨通課　申亥寅　丙戌日申時亥將

師卦　榮華課二　巳寅亥　庚辰日

謙卦　閉口課三　戌午寅　甲子日

觀卦　遊子課　未戌丑　乙巳日午時酉將

小畜卦　蕪淫課三　戌午寅　甲子日卯時亥將

又　四　酉亥丑　丁巳日未時酉將

剝卦　度厄課二　午丑申　壬申日子時未將

訟卦　刑傷課　午辰寅　庚午日寅時子將

蠱卦　魄化課二　戌未辰　癸巳日寅時亥將

困卦　鬼墓課一　辰酉寅　壬申日丑時午將

又　二　午丑申　壬戌日巳時子將

例四　初傳從首傳日干上一字發用。兼應第三課日支上一字。次傳應第二第四課。

遯卦　斬關課　三傳戌午寅　甲寅日亥時未將

蒙卦　天網課二　酉辰亥　甲寅日酉時辰將　原書第三課酉寅末課辰酉均缺今補

中孚卦　三陰課　戌未辰　癸丑日卯時子將

隨卦　勵德課三　午辰寅　庚申日

初傳從次課發用例

例一　初傳從次課上一字發用。次傳應第三課。末傳應末課。

大壯卦　盤珠課　三傳子亥戌　甲子日丑時子將　庚戌年

例二　初傳從次課上一字發用。第三課同次課次傳應末課。

萃卦　龍德課　三傳巳丑酉　癸酉日酉時巳將　癸巳年

小畜卦　無淫課二　午丑申　乙亥日巳時子將

例三　初傳從次課上一字發用。末傳應第三課。

睽卦　遙克課二　三傳巳申亥　壬申日申時亥將

例四　初傳從次課上一字發用。

坤卦　重審課二　三傳寅未子　乙亥日辰時酉將

坎卦　涉害課三　辰申子　庚戌日辰時申將

賁卦　三光課二　丑午酉　戊寅日午時寅將

益卦　官爵課　巳戌卯　丁亥日巳時戌將　未年

謙卦　閉口課四　寅未子　乙卯日

否卦　無祿絕嗣課一　酉辰亥　己巳日寅時卯將

大過卦　天禍課一　辰巳午　寅月甲申日

又　　　二　申戌子　乙酉日戌時子將

噬嗑卦　天獄課二　寅未子　申月乙丑日

隨卦　勵德課一　丑亥酉　戊子日申時午將

家人卦　玄胎課　申亥寅　甲寅日寅時巳將　原書次課中巳第三課中寅均闕今補末課同次課

初傳從第三課發用例

例一　初傳從第三課日辰上一字發用。次傳應末課。末傳應次課。

鼎卦　鑄印課　三傳巳戌卯　丙子日未時子將

師卦　榮華課一　巳寅亥　丙申日卯時子將

需卦　德慶課　巳戌卯　戊子日戌時卯將

旅卦　贅壻課二　巳寅亥　丙申日辰時丑將

小畜卦　無淫課一　辰巳午　乙卯日午時未將

例二　初傳從第三課日辰上一字發用。次傳應末課。

晉卦　三陽課　三傳寅卯辰　乙丑日酉時戌將

大有卦　富貴課　　寅亥申　辛巳日丑時戌將
渙卦　引從課　　巳戌卯　壬子日巳時戌將
謙卦　閉口課一　　巳寅亥　甲申日卯時子將
姤卦　三交課一　　卯午酉　戊子日午時酉將
既濟卦　淫泆課一　　卯亥未　辛未日申時辰將
又　　二　　子寅辰　戊戌日辰時午將
小畜卦　蕪淫課六　　辰申子　甲子日
明夷卦　二煩課二　　子酉午　己卯日子時酉將
離卦　龍戰課二　　辰巳午　乙卯日辰時巳將
未濟卦　死奇課　　辰申子　甲子日丑時巳將
歸妹卦　災厄課　　未卯亥　乙亥日卯時亥將亥年
小過卦　九醜課　　丑亥酉　乙卯日子時戌將
隨卦　勵德課二　　子亥戌　辛丑日寅時丑將

例三　初傳從第三課日辰上一字發用。

咸卦　繁昌課　三傳午戌寅　壬申日未時巳將

初傳從末課發用例

例一　初傳從末課上一字發用。次傳應第三課。

離卦　龍戰課一　三傳卯酉卯　丁酉日辰時戌將

例二　初傳從末課上一字發用。末傳應次課。

剝卦　度厄課一　三傳寅酉辰　甲子日丑時申將

例三　初傳從末課上一字發用。末傳應第三課。

乾卦　元首卦二　三傳巳丑酉　丁丑日子時申將

井卦　合歡課　子申辰　戊申日子時申將

豐卦　和美課　戌午寅　壬午日巳時丑將

例四　初傳從末課上一字發用。

乾卦　元首課一　三傳午卯子　甲子日卯時子將

坎卦　涉害課一　亥酉未　丁卯日丑時亥將

又　五　亥酉未　乙卯日寅時子將

睽卦　遙克課一　戊丑辰　壬辰日巳時申將
履卦　昴星課一　戊酉午　戊申日卯時辰將
豫卦　三奇課　亥子丑　乙酉日未時申將
兌卦　六儀課　寅未子　丙辰日寅時未將
泰卦　時太課　子巳戌　戊寅日戌時卯將子年
升卦　軒蓋課　午卯子　甲子日卯時子將
頤卦　斲輪課　卯戌巳　辛丑日辰時亥將
夬卦　沖破課　午酉子　子年庚子日
姤卦　三交課二　酉子卯　丁卯日卯時午將
否卦　無祿絕嗣課二　午丑申　庚辰日辰時亥將
屯卦　迍福課　未子巳　癸酉日午時亥將
明夷卦　二煩課一　子酉午　丙午日午時卯將
噬嗑卦　天獄課一　未子巳　乙酉日
蹇卦　天寇課　未酉亥　癸卯日

解卦　殃咎課　未子巳　辛酉日

隨卦　勵德課四　巳寅亥　辛亥日申時巳將

卦名缺　狗鈴課一又二　午卯子　甲子日寅時亥將

傳課變格

例一　初傳不從四課發用。次傳應首課日干上一字。末傳應第三課日支上一字。

謙卦　閉口課二　三傳戌卯午　乙未日卯時寅將

例二　三傳與四課支盤不應。

履卦　昴星課二　三傳子辰戌　丁丑日辰時丑將

例三　初傳從首課日干上一字發用。並應第三課日支上一字。

節卦　物類卦　三傳子亥戌　甲寅日　原書首課丑甲末課丁丑餘課皆缺按四課當作子甲戌子子寅戌子存攷

例四　次傳取首課日干上一字。末傳取第三課日支上一字。

同人卦　八專課一　三傳丑亥亥　甲寅日辰時丑將

又　二　亥戌戌　丁未日丑時辰將

例五　初傳從首課日干上一字發用。次傳末傳取第三課上一字。

同人卦　八專課三　　三傳酉酉酉　己未日未時酉將

例六　初傳從首課日干上一字發用。並應二三四課。

艮卦　伏吟課一　　三傳丑戌未　癸丑日午時午將　支盤不轉動四課日干外皆丑

例七　初傳從首課日干上一字發用。並應第二課。

艮卦　伏吟課二　　三傳巳申寅　丙辰日申時申將　支盤不轉動次課巳與首課上一字同

例八　初傳應三四兩課。末傳應首課上一字與次課。

艮卦　伏吟課三　　三傳丑戌未　丁丑日未時未將　支盤不轉動前兩課日干外皆未後兩課皆丑

例九　初傳從首課日干上一字發用。並應次課。次傳應三四兩課。

艮卦　伏吟課四　　三傳亥辰戌　壬辰日酉時酉將　支盤不轉動前兩課日干外皆亥後兩課皆辰

三傳地支四合與五行格局例

三傳地支有合於四孟或四仲或四季者。寅申巳亥爲四孟。子午卯酉爲四仲。辰戌丑未爲四季。凡三傳與四孟或四仲或四季中之三支相合。支盤中四支多遞相變位。三傳四孟。如申亥寅。坤卦重審課一。漸卦亨通課。家人卦玄胎課。巳寅亥。師卦榮華課一又二。謙卦閉口課一。旅卦贅壻課二。隨卦勵德課四。寅亥申。大有卦富貴課。巳申亥。睽卦遙克課二。三傳四仲。如午卯子。乾卦元首課一

○升卦軒轅課。銅鈴課一又二。卦名缺子酉午。明夷卦二煩課二。午酉子。夬卦沖破課。卯午酉。姤卦三交課一。酉子卯。姤卦三交課二。三傳四季。如戌未辰。蠱卦幽化課二。中孚卦三陰課。戌丑辰○睽卦遙克課一。未戌丑。觀卦遊子課。四孟如坤卦重審課第一式三傳申亥寅。支盤寅居亥位。亥居申位。申居巳位。巳居寅位。四孟支位遞遷也。四仲如乾卦元首課第一式三傳午卯子。支盤子居卯位。卯居午位。午居酉位。酉居子位。四仲支位遞遷也。四季如中孚卦三陰課三傳戌未辰。支盤辰居未位。未居戌位。戌居丑位。丑居辰位。四季支位遞遷也。餘卦類推。三傳地支又有合於五行之局者。申子辰水局。寅午戌火局。亥卯未木局。巳酉丑金局。遁甲火土同局。視水土同局之說為勝。火生土。方相容也。四局排列。上局合成寅申巳亥。中局合成子午卯酉。末局合成辰戌丑未。其配合不外乎四孟四仲四季。各局均以中心為主。上生而下剋也。三傳與五行之格局相符者。支盤中支位亦遞相移易。水局如井卦合歡課三傳子申辰。支盤申居子位。子居辰位。辰居申位。火局如豐卦和美課三傳戌午寅。支盤寅居午位。午居戌位。戌居寅位。旅卦贅壻課第一式。小畜卦蕪淫課第三式。戌午寅。皆可類推。咸卦繁昌課三傳午戌寅。支盤寅加辰。午加申。戌加子。火局寅午戌。分居水局申子辰之方位。其例變易。而水火固相胎也。木局如既濟卦淫泆課第一式三傳卯亥未。支盤亥居卯位。卯居未位。未居亥位。歸妹卦災厄課未卯亥可類推。金局如乾卦元首課第二式三傳巳丑酉。支盤巳居酉位。酉居丑位。丑居巳位。五元各局支位皆遞推。三傳兼合四孟四季者祇一睽卦。合四仲兼五行之局者祇一乾卦。震卦返吟課第一式三傳寅申寅。亦屬四孟。離卦龍戰課第一式三傳卯酉卯。亦屬四仲。

三傳地支直接間接順逆例

三傳地支直接或間接。皆有順逆之分。間接者或隔一支。或隔二支。或隔三支。或隔四支。直接順行。爲寅卯辰。辰巳午。亥子丑。直接逆行。爲子亥戌。戌酉申。間接隔一支順行。爲子寅辰。辰午申。申戌子。酉亥丑。隔一支逆行。爲丑亥酉。午辰寅。亥酉未。隔二支順行。爲卯午酉。巳申亥。午酉子。未戌丑。申亥寅。酉子卯。戌丑辰。隔乙支逆行。爲子酉午。丑戌未。寅亥申。巳寅亥。午卯子。戌未辰。隔三支順行。爲辰申子。午戌寅。隔三支逆行。爲子申辰。卯亥未。巳丑酉。未卯亥。戌午寅。隔四支順行。爲子巳戌。寅未子。辰酉寅。巳戌卯。未子巳。隔四支逆行。爲子未寅。寅酉辰。卯戌巳。午丑申。酉辰亥。直接順行者如寅卯辰。逆行者如子亥戌。地支皆相連而不間隔也。隔一支順行者。如子寅辰三傳。子隔丑支而寅。寅隅卯支而辰也。隔一支逆行者。如丑亥酉三傳。酉隔戌支而亥。亥隔子支而丑也。隔二支順行者。如卯午酉三傳。卯隔辰巳二支而至午。午隔未申二支而至酉也。隔二支逆行者。如子酉午三傳。午隔未申二支而至酉。酉隔戌亥二支而至子也

○隔三支順行者○如辰申子三傳○辰隔巳午未三支而至申○申隔酉戌亥三支而至子也○隔三支逆行者○如子申辰三傳○辰隔巳午未三支而至申○申隔酉戌亥三而至支子也○隔四支順行者○如子巳戌三傳○子隔丑寅卯辰四支而至巳○巳隔午未申酉四支而至戌也○隔四支逆行者○如子未寅三傳○寅隔卯辰巳午四支而至未○未隔申酉戌亥四支而至子也○賁卦三光課三傳丑午酉○謙卦閉口課三傳戌卯午○履卦昴星課三傳戌酉午與子辰戌○艮卦伏吟課三傳巳申寅與亥辰戌○別責課三傳亥午午○同人卦八專課三傳丑亥亥與亥戌戌○配合皆異乎常例○

存闕

各課所配之卦○缺臨无妄恆三卦○別責拘鈐雜狀三課皆缺卦名○殆當其數○解離格仍屬小畜卦蕪淫課○復巽兩卦配課○傳課支盤皆缺○復卦連珠課乙丑日酉時戌將○三傳寅卯辰○可依晉卦三陽課推求○巽卦間傳課甲子日○辰加甲○三傳辰午申○可依坎卦涉害課第四式推求○賁卦三光課第一式三傳辰午申○甲日未時酉將○日支缺○四課祇詳首課辰甲○次課午辰○亦可如巽體之例求之○雜狀課正月將甲子日寅時○午加酉○缺傳課支盤○可依拘鈐課第一式推之○三傳爲午卯子○其無從攷知者○姑闕疑以存其說○小畜卦蕪淫課解離格第五第七兩式○支盤外無三傳四課○第五式云○此課不干四課三傳事○第七式詳正月午時○其餘均缺○地煩課後列旺孕德慶和美閉口四稱○按德慶課配需卦

○如美課配豐卦○閉口課配蒙卦○旺孕格見七卷咸卦後○別無卦名○亦不詳傳課支盤。大畜卦合局課三傳四課支盤全缺○革卦大純課傳課支盤均缺○

正誤

書名	卷	葉	行	誤	正
遁甲釋要	目錄	二	後四	「原書遁甲演義校勘表」	宜刪
	三	十一	六	八開	八門
	四	一	十三	「運轉」句下脫「陽順陰逆」一句	
六壬卦課	三		十二行後	脫標題「初傳發用例」五字	

詩經聲韻譜正誤補

卷七第一葉後十一行注「詳等韻通轉圖說」當作「詳音說」

卷八第一葉後八行注續音說三字誤衍

易音正誤補

第六葉後二行表注續字誤衍

音說正誤補

自序二行拍字當作拘

補遺

詩經形釋複體與異體之聯緜詞偶對

四牡篇四牡騑騑。周道倭遲。出車篇憂心悄悄。僕夫況瘁。杕杜篇檀車幝幝。四牡痯痯。征夫不遠。三句鼎立前二句用複體形容詞後一句不遠二字以異體之詞形容征夫采芑篇四騏翼翼。路車有奭。補第二卷十四葉三行四行小雅二字後

詩經聲韻譜間接二韻用形音字

以伐遠揚。我朱孔陽。豳風七月篇揚陽皆從昜亦聲。補第五卷二葉六行後

楚辭音雜釋

九嘆惜賢章進與蔽協韻。進从隹聲。收韻本口腔音。今音由口腔變鼻腔音。此與準从隼聲。古音讀如水。今音收韻口腔轉鼻腔同例。補五葉十四行末

釋小刀聲 附召聲

小明日昭昭　禮中庸篇今夫天斯昭昭之多鄭注昭昭猶耿耿小明也孔疏昭昭狹小之貌補四葉八行後

徐氏全書第五種

河洛數釋

南通徐　昂著

中華民國三十六年
南通翰墨林書局印

河洛數釋自序

河圖洛書何爲天地自然之數。皆五數居中央。四周之數多與五數相關。河圖總數五十五。爲五之十一倍。洛書總數四十五。爲五之九倍。河圖北一加西四。南二加東三。皆爲五。北一與西九。南二與東八。東三與南七。西四與北六。相加皆爲十。北一南二東三西四相加亦然。是皆五之倍數。北六西九相加。南七東八相加。中央五與上下兩五合成之十相加。皆爲十五。乃五之三倍。北六減北一。南七減南二。東八減東三。西九減西四。仍皆爲五數。中央前五與後五本合爲十。減五亦爲五。洛書北一與南九。東三與西七。西南二與東北八。東南四與西北六。相加皆爲十。亦五之倍數。對方之數各與中央五數相加。皆爲十五。亦五之三倍。北一西北六東北八相連。南九西南二東南四相連。東三東南四東北八相連。西七西南二西北六相連。任何方以三數相加。皆爲十五。亦五之三倍。北一與西北六。東三與東北八。東南四與南九。西南二與西七。相差之數亦爲五。凡兩數相加爲十。皆陰與陰陽與陽不相交也。其餘加減之數。皆陰陽相交。周易之數起於河圖。尙書之數起於洛書。易數由一至十。而推之百。推之千。極之於萬。書數由一至十。而推之百。推之千。推之萬。極之億兆。窮其本源。皆樞於五而貞於一。此不特易書然也。羣經所載與夫諸子百家之數。莫不肇始於河洛。蓋天地自然之數。何藴廣大也。昂既著周易對象通釋。象詳而數畧。天地萬物有象即有數。一與二。三與四。五與六。七與八。九與十。皆直接相對之數。一與六。二與七。三與八。四與九。五與十。皆間接相對之數。由是推衍。陽奇陰偶。數莫能外。因就河洛所著之數詮次於篇。賁之大雅。易數根據虞氏。書數采取孔氏云。中華民國二十六年十月徐昂識於慶餘鄉寓廬

河洛數釋卷一

易數

南通徐　昂著

繫辭傳云。錯綜其數。又云。極其數。數始於一而成於十。本諸河圖。經傳文中言百或千或萬。皆由河圖十數遞乘。十自乘得百。百以十乘得千。千以十乘得萬。數或取個數。或取第數。第數不係以第字。多與個數形式混合。天地之數五十有五。大衍畧五而言五十。震百二十里。畧二十而言百里。乾策半數百有八物。畧八而言百物。乾坤兩策萬有一千五百二十。畧一千五百二十而言萬物。是皆撮舉大數之例。取數同者。以四時萬物爲最多。三歲次之。三日七日十年又次之。言半數者。祇繫辭思過半一語耳。大傳又云。陽卦奇。陰卦偶。（虞氏耦作偶）此以卦爻之剛柔分奇偶者也。筮法中五四爲奇。九八爲偶。則以數之多寡分奇偶。五奇數。四本偶數。而五以一其四而爲奇。四亦以一其四而爲奇。八偶數。九本奇數。而八以兩其四而爲偶。九亦以兩其四而爲偶。五四兩數與九八兩數相比。五四皆數之少者。九八皆數之多者。少者爲奇。多者爲偶。此五四兩數與九八兩數之成立。即由於筮卦第一變掛扐之總數非五即九。第二變三變掛扐之總數非四卽八也。（第一變扐數非四即八加以掛一之數非五即九第二變扐數非三卽七加以卦一之數非四即八第三變同舊法可循也）

坤文言傳非一朝一夕之故。虞注剛爻爲朝。柔爻爲夕。　按坤由溝初一陰爻消至二成遯。至三成否。否從泰反。下卦剛爻皆消成柔爻。不止溝初一爻。故非一朝一夕。

恆六五象傳婦人貞吉。從一而終也。虞注一謂初。終變成益。以巽應初震。故從一而終也。　按恆由泰來。初之四仍成泰。泰反否。上爻推遷之初成益。益下震上巽。六四一陰與初九一陽相應。而恆旁通益。恆初六一陰。亦應益初九一陽也。

睽上九載鬼一車。虞注坤爲鬼。坎爲車。變在坎上。故載鬼一車也。　按就三四五爻互坎取一陽之象。

損六三三人行則損一人。一人行則得其友。繫辭下傳釋此爻云言致一也。象傳一人行。三則疑也。　按虞氏釋損一人。一人行。皆取象泰卦初九一爻推遷之上。損由泰來。泰卦下乾人象。初九一爻爲一人。

萃初六一握爲笑。虞注艮爲手。初稱一。故一握。　按二三四爻互艮。三四易位。艮在下卦。張注四之三下成艮就三動而初爻未動時取象。

旅六五射雉一矢亡。虞注離爲矢。　按離在上卦。一矢指六五一陰。就未變之正時取象。變則亡矣。

繫辭傳一寒一暑。虞注寒乾暑坤也。 按乾貞於十一月子。冬至一陽生。坤由五月午而退貞於六月未。以避衝辰。夏至一陰生。夏至值五月 一寒一暑即一陽一陰。

一陰一陽之謂道。 按一陽始於復初。一陰始於遘初。天地之道即在復遘循環也。

掛一以象三。 按掛一取乾元奇數。

天一。 按指乾元。即震初也。

一闔一闢謂之變。虞注陽變闔陰。陰變闢陽。 按一闔一闢分爲兩象。而基於無對象之一。析成對象。各占其一。由此兩個一數循環不已。至無量數。

天下之動貞夫一者也。虞注一謂乾元。萬物之動。各資天一陽氣以生。故天下之動貞夫一者也。

按乾元指復卦震初。陽窮剝上。由謙三反初出震。震主動而乾陽得正。萬物出乎震。故天下之動皆貞夫一。

陽一君而二民。君子之道也。陰二君而一民。小人之道也。 按一君謂單卦震坎艮。一民謂單卦巽離兌。推之一陽之重卦。如復師謙豫比剝。皆一陽爲卦主。一君而五民。至於一陰之重卦。如遘同人履小畜大有夬。雖以一陰爲卦主。而論陽君陰民之例。則五君而一民也。

一致而百慮。釋咸卦九四爻 按咸初之四。四之初。成旣濟。咸損兩卦屬泰否消息。咸由否來。損由泰來

○繫辭釋咸四言一致○釋損三言致一○詳前一皆謂初○

恆以一德○虞注恆德之固○立不易方○從一而終○故一德者也○ 按大象傳立不易方謂三○恆三即泰卦乾三○從一而終○一謂益卦震初○詳前各自取象○

說卦傳震一索而得男○故謂之長男○巽一索而得女○故謂之長女○ 按一索即初索○索在第一爻○恆六五象傳虞注云○一謂初○詳前可參證○

二

咸彖傳二氣感應以相與○ 按咸由否卦坤三之乾上○二氣謂乾剛坤柔○

睽彖傳二女同居○虞注二女離兌也○ 按下兌少女○上離中女○二五易位三上易位而四未動時○即成革卦○仍爲二女之象○詳後

損曷之用○二簋可用享○彖傳易之用○二簋可用享○二簋應有時○ 按二簋之象○雖當在上益三成既濟之後○據張注而二之爲數○宜就二正五成益取象○二正五後○上乃益三也○

革彖傳二女同居○虞注二女離兌○ 按下離中女○上兌少女○取象與睽彖同文○惟離兌兩卦上下異位耳○繫辭傳二人同心○釋同人九五爻虞注二人謂夫婦○師震爲夫○巽爲婦○ 按同人由師二降之初爲復上息成卦○與之旁通○師卦下坎○二三四爻互震○同人下離○二三四爻互巽○二人夫婦之象○不取下

卦坎離而取互卦震巽者。以其爲長男長女。同人屬復溝中間消息。復遘出入於震巽也。

分而爲二以象兩。　按二本坤數。象兩儀則乾坤兩象對待。

二篇之策。張注侯果云。二篇謂上下經三百八十四爻。　按上經下經即上篇下篇。故稱二篇。侯說是也。

地二　按二屬坤偶。參兩一而成數。坤擬乾元也。

二與四同功而異位。其善不同。二多譽。下畧詳後四　按二屬第數。指第二爻。

貳

坎六四貳用缶。虞氏句　虞注貳副也。坤爲缶。禮有副尊。故貳用缶耳。　按坎由乾二五之坤。貳爲坤數。副者數之次者也。

繫辭傳因貳以濟民行。虞注二謂乾與坤也。二常依傳文作貳　按貳本坤數。虞氏釋爲乾與坤。與分而爲二之二同例。分而爲二詳前　天地之道爲物不貳。則生物不測。而民之濟則因乎貳。旣濟下離上坎。坎水離火。即乾陽與坤陰。孟子所謂民非水火不生活。亦不外乎此道也。

兩

離象傳明兩作。離。虞注兩謂日與月也。乾五之坤成坎。坤二之乾成離。離坎日月之象。故明兩作。離。　按八卦自重。皆有兩數之象。乾坤單純。不著兩數。震言洊雷。坎言水洊至。艮言兼山。巽言隨風。兌言麗澤。曰洊。曰兼。曰隨。曰麗。皆寓有兩數。而不顯其辭。其言兩者。獨一離卦。此文之錯綜者也。下離爲日。照臨在下。上離爲火。炎升於上。重光既著。明乃兩作。而離坎旁通。兼取日月兩象。

繫辭傳分而爲二以象兩。　詳前二。

是故易有大極。是生兩儀。兩儀生四象。虞注分爲天地。故生兩儀也。　按兩儀由大極而生。道德經所謂一生二也。渾其名爲陽爲陰。顯其名爲天爲地。由是而立卦。定其名曰乾曰坤。皆納之兩數也。

兼三才而兩之。說卦傳同故六。張注庖犧分天象爲三才。以地兩之。所謂因而重之。爻在其中。　按即說卦傳所謂參天兩地也。張本虞說。說卦傳虞注謂參天兩地。乾坤各三爻而成六畫之數也。

說卦傳參天兩地而倚數。虞注倚立。參三也。謂分天象爲三才。以地兩之。立六畫之數。故倚數也。　按參屬天數。兩屬地數。繫辭傳所謂地二天三也。以單卦言之。乾天坤地各有三畫。配三才之數。而坤言兩地者。就重卦六爻而論。坤二與乾初爲兩。坤四與乾三爲兩。坤上與乾五爲兩也。張氏但言乾數初三五。坤數二四上。義似未盡。

三

蒙再三瀆。象傳同 張注再三謂三四。三逆乘。非正也。四遠實。故瀆也。 按張氏以六三為再。六四為三。

需上六有不速之客三人來。張注不速之客謂坤體三爻也。 按需由大壯來。大壯由泰卦乾陽息坤至四。四之五成需。四仍為坤陰所居。與三相比。

訟上九終朝三褫之。虞氏褫作拕 虞注應在三。三變時艮為手。故終朝三拕之。 按三指第三爻。屬第數。

師九二王三錫命。象傳同 張注同人乾五為王。巽為命。師息同人由二。故有此象。五至二三爻。故三錫。 按師二降之初上息成同人。二三四爻互巽。五應在二。錫至四為一錫。至三為二錫。至二為三錫。

比九五王用三驅。虞氏驅作毆 虞注坎五稱王。三毆謂毆下三陰。 按下三陰亦指四至二。凡三爻也。故虞氏又言不及於初。

同人九三三歲不興。象傳同 虞注爻在三。乾為歲。 按三亦屬第數。謂第三爻也。

蠱先甲三日。後甲三日。象傳同 虞注謂初變成乾。乾為甲。至二成離。離為日。謂乾三爻在前。故先甲三日。賁時也。變三至四體離。至五成乾。乾三爻在後。故後甲三日。无妄時也。　按蠱卦下巽納辛。二三四爻互兌納丁。各先後甲三日。（說詳拙著周易虞氏學）

坎上六三歲不得。凶。象傳上六失道。凶三歲也。虞注乾爲歲。五從乾來。三非其應。故曰三歲不得。凶矣。（注爻）　按三亦指第三爻。與同人九三三歲同例。

晉晝日三接。（並見象傳）虞注三陰在下。故三接矣。　按指下卦坤陰三爻。三爲個數。

明夷初九三日不食。張注離爲日。自四至初三爻。故三日不食。　按明夷反晉。上下坤離易位。晉離四變爲明夷離初。四爻至三爻一日。至二爻二日。至初爻三日。

解九二田獲三狐。虞注變之正。艮爲狐。（中略）二之五。歷三爻。故田獲三狐。　按就二變而三四未動時。取互艮三爻之象。

損六三三人行則損一人。（繫辭下傳同）象傳三則疑也。虞注泰乾三爻爲三人。震爲行。故三人行。　按損由泰來。故就泰乾三爻取象。

困初六三歲不覿。張注初應在四。四體離爲覿。自初至四三爻爲三歲。　按坎爲歲。（見漸五虞注詳後）困卦下坎。坎三爻爲三歲。（豐上虞注可考詳後）張氏就離取象。謂自初至四三爻是逆數。卦由下生。與明夷自四至初三爻順數之例相對。（明夷詳前）

革九三革言三就。有孚。象傳同 張注有孚謂五。三至五三爻。四變。五三皆坎。故革言三就有孚。就成也。 按三至五三爻。合三四五計之。師九二張注五至二三爻。則指第五爻所歷之數。三爻實四至二。第五爻在數外。明夷困兩卦初爻漸九五諸注同例。師明夷困皆詳前漸詳後

漸九五婦三歲不孕。虞注坎爲歲。張注自三至上三爻。故三歲。 按上變。三五皆坎陽。自三至上三爻。亦指第三爻所歷之數。

豐上六三歲不覿。凶。虞注坎爲三歲。 按四變。三當互坎之中。上應在三。三歲就坎三爻取象。三歲一句與困初同文。困詳前 困豐兩卦皆屬泰否消息。困由否二之上豐由噬嗑上之三噬嗑由否來豐從泰二之四

巽六四田獲三品。象傳同 虞注二動艮爲手。故稱獲。謂艮爲狼。坎爲豕。艮二之初。離爲雉。故獲三品矣。 按二動而初未變時。下卦成艮。二三四爻互坎。三四五爻互離。四當離陰。不待二之初而下卦成離也。原注艮二之初艮字衍 艮坎離爲三品。

九五先庚三日。後庚三日。吉。虞注震庚也。謂變初至二成離。至三成震。震主庚。離爲日。震三爻在前。故先庚三日。謂益時也。動四至五成離。終上成震。震爻在後。按爻字前當有三字 故後庚三日也。 按巽互兌納丁。坤陰納癸。各先後庚三日。說詳拙著周易虞氏學

既濟九三三年克之。象傳同 虞注坤爲年。位在三。故三年。 按與同人九三注取爻位在三。以釋三歲

。其例相同。惟一爲乾歲。一爲坤年耳。

未濟九四三年有賞于大邦。（虞氏國作邦）虞注坤爲年。（中署）四在坤中。體既濟離三。故三年有賞于大邦。張

注三年者自四下初三爻。故三年。以其正在初。故以離三言之耳。　按既濟離三。倒成未濟。位值

九四。故三年之象。既濟在三。未濟在四。張氏謂自四下初三爻。與明夷九三注自四至初三爻同例

。（明夷詳前）皆指第四爻所歷之爻數。

繫辭傳六爻之動。三極之道也。張注極中也。三極三才也。三才六爻。非中則動。　按三極。乾爻

初三五。以五爲中正。坤爻二四上。以二爲中正。陽爻進至五而極。陰爻退至二而極。以六爻三才

言之。初二地道。三四人道。五上天道。地道極於二。人道極於四。天道極於上。

掛一以象三。　按三即三極。張氏所謂三才也。

天三　按三爲乾陽奇數。天一配地二而成。

君子脩此三者。故全也。（釋益上九爻）虞注謂否上之初。損上益下。其道大光。自上下下。民說无疆。故

全也。　按此三者總束上文安其身易其心定其交三事。而益變成既濟。須由上來益三。益卦爻象彖

傳虞注可證。故否上之初成益。君子之道尚未全。成益以後。上再來益此第三爻。則全矣。傳文似

兼涵有此義。

三與五同功而異位。三多凶。下署五詳後五　按三屬第數。指第三爻。
兼三才而兩之。說卦傳同故六。六者非它也。三才之道也。　按三才與三極相發。
說卦傳艮三索而得男。故謂之少男。兌三索而得女。故謂之少女。　按三索即第三索。索在第三爻
。
巽。爲近利市三倍。虞注四動乾。中署乾三爻爲三倍。　按巽四陰柔得正。不宜變動。初陰失位。變
則成乾。虞氏不取初動乾三爻而言四動者。取動至五成噬嗑。上再動成震也。成噬嗑成震詳虞注

參

繫辭傳參五以變。虞氏伍作五虞注謂五歲再閏。再扐而後掛。張注掛當爲卦以成一爻之變。而倚六畫之數。
按初扐一變之後。繼以再扐三扐。故有參數。張氏所謂三扐而象五歲也。
說卦傳參天兩地而倚數。詳前兩。

四

乾文言傳君子行此四德者。故曰乾元亨利貞。　按元亨利貞四德。本四時之數。四時基於乾元。
與四時合其序。張注消息之序。剝窮於上。乾五歸三成謙。體坎陽生仲冬也。謙息履。乾三之坤初
爲復出震。春也。上息成離。兌初三易位。離象先成。是離夏兌秋相次。與四時合其序也。　按乾

卦歸魂之始在謙卦。謙二三四互坎。三四五互震。不待降初而後有震象也。息履下兌。二三四互離。張氏所釋四時之象。就坎震離兌四卦取象。

坤文言傳美在其中。而暢於四支。虞注四支謂股肱。 按巽爲股。說卦傳艮爲肱。說卦逸象坤陰由遘初入巽。消至五成剝艮。而坤重在六四括囊成觀。不取巽艮之象。四支謂觀初至四爻。

豫彖傳天地以順動。故日月不過而四時不忒。 虞注動初時震爲春。至四兌爲秋。張注至二即兌云四者四兌位定至五坎爲冬。離爲夏。四時爲正。故四時不忒。 按虞氏就初至五動。上不變而成需。取四時之象。

觀彖傳觀天之神道而四時不忒。虞注臨震兌爲春秋。二上易位。坎冬離夏。日月象正。故四時不忒。 按觀反臨。故取臨卦下兌互震。與觀之上卦變成坎而互離。配成四時之象。

離象傳大人以繼明照于四方。虞注乾二五之光繼日之明。坤爲方。二五之坤。震東兌西。離南坎北。故曰照于四方。 按就文王八卦定方伯四卦之位次。離旁通坎。離三四五互兌。坎二三四互震。張氏所謂坎震離兌也。

恆彖傳四時變化而能久成。虞注變至二離夏。至三兌秋。至四震春。至五坎冬至。張注此誤應云變至二離夏兌秋至三震春至五坎冬 按恆旁通益而由泰來。初往之四仍成泰。反否後上爻推遷之初成益。虞氏就初變至五取四時之象。迺上猶未變成益上。故有坎冬也。

明夷上六象傳初登于天。照四國也。張注謂晉時在坤上。坤爲四國。　按晉卦上離。三四五爻互坎初動下卦成震。三之上而四未動時。三四五互兌。坤爲國爲方。四國爲坎震離兌四方。張氏取象晉卦。而明夷上卦亦爲坤。離在下卦。二三四互坎。三四五互震。卦由臨來。臨卦下兌。亦有坎震離兌四方之象。

遘象傳后以施命誥四方。虞注復震二月東方。遘五月南方。巽八月西方。復十一月北方。皆總在初。故以誥四方也。　按遘巽旁通復震。故四方之象備具。

革彖傳天地革而四時成。虞注謂五位成乾爲天。蒙坤爲地。震春兌秋。四之正。坎冬離夏。則四時具。　按革旁通蒙。蒙卦下坎。二三四爻互震。革下離上兌。四時備具。四未之正時。已有坎冬離夏之象矣。

節彖傳天地節而四時成。虞注泰乾天坤地。震春兌秋坎冬。三動離爲夏。故天地節而四時成也。

按節由泰來。泰二三四爻互兌。三四五爻互震。三之五成節。兌象在下卦。震象下移。互在二三四爻。坎在上卦。二三變易成既濟。有兩離坎。故具四時之象。

繫辭傳變通配四時。　揲之以四以象四時。　變通莫大乎四時。　按四時配十二月辟卦。周正起於十一月建子。復臨泰值坎為冬。大壯夬乾值震為春。遘遯否值離為夏。觀剝坤值兌為秋。虞氏言泰大壯夬配春。乾遘遯配夏。否觀剝配秋。坤復臨配冬。（見變通配四時虞注）就夏正建寅取四時之象。故從泰始而終於復臨也。

是故四營而成易。張注四營者四變也。　按四營亦象四時。

易有聖人之道四焉。（中畧）子曰。易有聖人之道四焉者。此之謂也。　按聖人之道四。法四象而配四時。」

地四。　按四亦坤偶。疊兩二而成數。

兩儀生四象。四象生八卦。　易有四象。所以示也。　按前者四象。虞氏就春夏秋冬四時取象。後者四象。張氏就七八九六四營成易取象。四時四營。皆即坎震離兌四方之象。

二與四同功而異位。（中畧詳前）四多懼。　按四屬第數。指第四爻。

五

夬彖傳揚于王庭。柔乘五剛也。　按夬以五剛決一柔。而五剛之卦不止一夬卦。爻性以數計者。止此彖耳。

繫辭傳五歲再閏。　按五本天數。而天地之個數皆五。五歲為天地之數。

天數五。地數五。五位相得而各有合。虞注天數五。謂一三五七九。地數五。謂二四六八十也。五位謂五行之位。下畧 按天數地數。分指乾坤。五位指八卦與天地。乾甲坤乙合木。艮丙兌丁合火。坎戊離巳合土。震庚巽辛合金。天壬地癸合水。此八卦以天干配五行之說也。天一地六合水。地二天七合火。天三地八合木。地四天九合金。天五地十合土。此天地以位數配五行之說也。

參五以變。虞氏伍作五 按五謂五歲。虞注可考。詳前參

天五。按天一配地四而成數。乾元在一。

三與五同功而異位。中畧詳前三五多功。按五屬第數。指第五爻。

六

乾彖傳六位時成。時乘六龍以御天。按六位謂六爻。乾流坤形。該陰陽而言。六龍謂六陽。張注可證。

文言傳六爻發揮旁通。虞氏句情也。時乘六龍以御天也。按六爻六龍。皆釋彖文。六爻即六位。詳前

六爲地數。

坤用六。同象傳 按坤陰主退。由八而退入於六。故六字从入八。

繫辭傳六爻之動。三極之道也。六爻之義易以工。虞氏貢作工。六爻相雜。按六爻該乾坤陰陽兩性而言。陽用九。陰用六。故張氏謂六爻之義九六也。

地六。　按六屬坤偶。就陰性言。二與四相合而成數。就坤凝乾元計之。則兩三相合。所謂兼三才而兩之也。

周流六虛。虞注六虛六位也。張注此六位謂十二辰爲六位。在易則乾坤六畫之位。亦其理也。　按六位以乾坤六畫爲本位。十二辰配合十二辟卦。乾由復臨泰大壯夬而成全乾。坤由遘遯否觀剝而成全坤。乾坤各占六卦。至於坎震離兌四方伯卦管領四時。而乾坤二卦運轉其間。上下四方。亦六虛之象也。虞氏又謂甲子之旬辰巳虛。惠棟稱爲六甲孤虛法。是也。裴駰曰。「甲子旬中無戌亥。戌亥爲孤。辰巳爲虛」。辰與戌對。巳與亥對。戌亥既缺。則相對者虛。甲戌甲申甲午甲辰甲寅類推。

兼三才而兩之。故六。六者非它也。三才之道也。　按六數由兩三合成。說卦傳所謂參天兩地而倚數也。

說卦傳兼三才而兩之。故易六畫而成卦。分陰分陽。迭用柔剛。故易六畫（虞氏位亦作畫）而成章。　按六畫卽六爻。謂乾坤而言。

七

復七日來復。（彖傳同）虞注剛爲晝日。消乾六爻爲六日。剛來反初。故七日來復。天行也。　按坤陰消乾。由遘至剝終坤而乾盡。反初成震。凡歷七爻。（說詳拙著周易虞氏學）若以乾從剝艮反三成謙。而後出震爲復。象傳虞注剛從艮入坤（中略）陽不從上來反初則不止歷七爻矣。

震六二七日得。虞注三動時離爲日。震數七。故七日得者也。　按震卦於天十中列第七位。張氏謂震得庚七是也。

既濟六二七日得。象傳同　虞注泰震爲七。　按既濟由泰來。泰三四五交互震。七日得與震二同文。虞氏就納甲所隸之位次釋數。亦相同也。

繫辭傳天七。　按天一配地六而合爲七。乾元在一。

八

臨至于八月有凶。象傳同　虞注與遯旁通。臨消於遯。六月卦也。於周爲八月。遯弑君父。故至于八月有凶。　按虞氏就周正取象。臨由復息。自復卦建子之月歷八月值未爲遯。說詳拙著周易虞氏學

繫辭傳八卦相盪。虞氏盪作蕩　八卦而小成。　四象生八卦。八卦定吉凶。　八卦成列。　於是始作八卦。　八卦以象告。　按八卦相盪。四象生八卦。虞氏多就乾坤二五取象。八卦以象告。虞氏祇言乾二五之坤。而坤二五之乾自寓其中。皆指六畫卦。就庖犧始作八卦而言。則三畫卦也。八卦而小成。下文云。引而信之。觸類而長之。八卦成列。象在其中矣。下文云。因而重之。爻在其中矣。八卦皆指三畫卦。信之長之重之。方爲六畫卦。

地八。按坤以二爲貴而用六。八卽二與六相合之數。謂兩四合成亦可。八卦由四象而生。卽四重之得八也。

說卦傳八卦相錯。虞注錯摩則剛柔相摩。八卦相盪也。按八卦始由單卦三爻剛柔相錯。而後重卦六爻剛柔相摩。繫辭傳八卦相盪。虞注乾以二五摩坤。成震坎艮。坤以二五摩乾。成巽離兌。就重卦言之耳。

九

乾用九。同彖傳文言傳乾元用九。兩見按乾陽主進。由一而三而五而七。極之於九。以成老陽。與坤之用六對待。六與九皆成於三。二三成六。三三成九。乾內卦納甲。外卦納壬。天干甲居第一。壬列第九。先天八卦。乾位南方。後天八卦。南方以離代乾。其位當九宮也。

震六二躋于九陵。虞注在艮山下。故稱陵。震爲足。足乘初九。故躋于九陵。按虞氏釋九。指初九陽性爻數而言。而二三四互艮。二往應五。須上躋互艮陽爻。故九陵當取象於九四陽性爻數也。

繫辭傳天九。按九爲陽數之極。乾元在一。天一配地八而成九。以天三言之。三自乘。數亦如之。

十

屯六二十年乃字。同象傳虞注坤數十。　按屯二三四爻互坤。二當坤初。坤於納甲位次中兼納癸。隸天干之末。張氏謂地癸數。是也。

復上六至于十年不克征。虞注坤爲至。爲十年。　按坤爲年。而兼納天干之第十癸數。故爲十年。

頤六三十年勿用。同象傳虞注坤爲十年。　按頤初至五有復象。故十年取象與復同。

損六五十朋之龜弗克違。虞注坤數十。兌爲朋。　按此亦就納癸取象。

益六二十朋之龜弗克違。虞注坤數十。損兌爲朋。　按益本由否來。若就損卦顚倒成益言之。則損之六五變爲益之六二。故十朋之象。益二與損五同文。

繫辭傳地十。　按十數由二與八兩陰數合成。天數五。地數五。兩五合之亦成十。

成數或成數後有畸數

繫辭傳大衍之數五十。其用四十有九。　按五與十相乘而成五十。虛一爲四十九。化偶數爲奇數。乾九陽老。乃生變化。

天數二十有五。地數三十。凡天地之數五十有五。虞注一三五七九。故二十五也。二四六八十。故三十也。天二十五。地三十。故五十有五。天地數見於此。故大衍之數畧其奇五而言五十也。　按五十五即河圖之數。乾元在一。而河圖之中心則在五。五與五行之數相乘爲二十五。與大爻之數相乘爲三十。五十五爲五之十一倍。

十有八變而成卦。 按十八變由內外卦各九變而成數。九變由每一爻三變而成數。故以兩單卦計之。二乘九爲十八。以每一爻計之。三乘六爲十八。

百 三百

訟九二其邑人三百戶。句 虞氏 虞注謂二變應五。乾爲百。坤爲戶。三爻。故三百戶。 按訟由遯三之二。是以遯消成否。二變取下坤三爻之象。下坤上乾。仍成否卦。此不過藉以設成乾百與坤戶之象。爻成既濟。乾坤兩象皆須變也。

離彖傳百穀草木麗乎地。虞氏土作地 虞注震爲百穀。 按說卦傳震。其於稼也爲阪生。虞氏反作阪注阪陵阪也 故有百穀之象。離旁通坎。坎二三四爻互震。張氏所謂坎震也。

解彖傳雷雨作而百果草木皆甲宅。虞氏拆作宅 張注乾爲百果。引惠徵士說 按說卦傳乾爲木果。說卦逸象乾爲百 故有百果之象。解由臨來。臨息則成泰乾。初之四成解。三變之正而二四未動時亦互乾體。大象虞注二出體乾。可證。

震亨。中署震驚百里。同彖傳 虞注謂陽。句 從臨二陰。爲百二十。舉其大數。故當震百里也。張注從臨二息時有五陰。陰爻二十四。五爻故百二十。以陽震陰。坤方爲里。 按乾爲百。坤方爲里。震由乾陽索坤。故爲百果。震由臨生。臨由復息。復未息成臨時。初陽上有五陰。坤陰用六。以四爻之數乘之。爲二十四。二十四再以六爻之數乘之。爲百四十四。繫辭傳所謂坤之策百四十有四也。百四十四之中。減去一爻之四六二十四。其數爲百二十。換言之。卽以五爻乘二十四。爲百二十之數。百二十畧去二十而言百。與天地之數五十有五。大衍之數畧去奇五而言五十。其畧大數之例相同。

繫辭傳百姓日用而不知。　百姓與能。　按乾爲百。坤爲姓。見下傳百姓虞注　百姓之象由乾坤合成。坤又爲民。爲萬民。卽百姓之象。坤凝乾元也。

百官以治。虞注乾爲百。剝艮爲官。　按繫辭百官取象於夬。夬旁通剝。夬乾剝艮。故有百官之象。

一致而百慮。釋咸九四爻　按乾爲百。坎爲慮。說卦逸象　咸由否來。否卦上乾互在咸卦三四五爻。初四易位。有兩坎象。故百慮出乾坎兩象合成。

百物不廢。虞注乾三爻三十六物。故有百物。畧其奇八。與大衍之五十同義。　按乾爲百。爲物。說卦逸象　合之卽爲百物。乾陽用九。以四象之數乘之。爲三十六。三十六再乘六爻之數。爲二百十六。繫辭所謂乾之策二百一十有六也。虞氏謂百物畧其奇八者。舉乾策之半數百零八計之耳。

千

繫辭傳子曰。君子居其室。出其言善。則千里之外應之。況其邇者乎。居其室。出其言不善。則千里之外違之。況其邇者乎。釋中孚九二爻 虞注謂二變則五來應之。體益卦。坤數十。震爲百里。十之。千里也。 按中孚二變之正而三上未動時。成爲益卦。互震變爲互坤。震在下卦。震爲百里之百數由乾來。說詳前百里 乾數百而坤數十。兩數相乘得千數。坤方爲里。故有千里之象。

萬

乾彖傳萬物資始。中畧 萬國咸寧。文言傳聖人作而萬物覩。虞氏畧作覩 按乾爲物。坤爲國。說卦逸象乾坤之策合爲萬有一千五百二十。故有萬物萬國之象。

坤彖傳萬物資生。文言傳含萬物而化光。 說詳前。

師九二象傳王三錫命。懷萬邦也。 按坤爲國。爲邦。說卦逸象師坤在上卦。萬邦即萬國。

比象傳先王以建萬國。諸親侯。虞注坤爲萬國。 按比卦一陽五陰。陰多於陽。與師卦同例。坤爲國。爲衆。陰柔繁庶。此亦萬國之象所由成也。

泰彖傳泰。小往大來。吉亨。則是天地交而萬物通也。 按乾精氣爲物。乾坤彖傳皆言萬物。坤凝乾元。亦有物象。繫辭傳所謂乾陽物也。坤陰物也。泰卦下乾上坤。故有萬物之象。

否彖傳否之匪人。不利君子貞。大往小來。則是天地不交而萬物不通也。 按否由泰反。下坤上乾

○故亦取象萬物○

謙九三象傳勞謙君子○萬民服也○張注本坤○故曰萬民○　按謙由剝卦乾上入坤○九三本剝卦坤三

坤爲民○爲衆○故有萬民之象○

无妄象傳先王以茂對時○育萬物○虞注體頤養象○萬物出震○　按初至四互成頤體○震在下卦○乾

萬物資始○由震陽出初，故取象萬物○

頤象傳天地養萬物○聖人養賢以及萬民○　按萬物資始於乾○資生於坤○坤无成有終○不自居功○

而歸之於乾○故萬物首重乾象○張氏言坤爲萬物者○重在坤成乾之功也○以對象言之○乾爲物○坤

爲民○萬數由乾坤兩策萬有一千五百二十而出○舉其大數○祇言萬耳○

咸彖傳天地感而萬物化生○中略觀其所感○而天地萬物之情可見矣○　按咸由否來而反泰○彖傳一再

言萬物○與泰否兩象所取萬物同象○

恆彖傳觀其所恆○而天地萬物之情可見矣○　按恆由泰來○與咸卦同屬泰否消息○取象萬物○皆從

乾坤而出○

睽彖傳萬物睽而其事類也○虞注四動○萬物出乎震○　按四動取萬物出震之象○就二三未變之正時

互震而言○震由乾陽索坤○萬物仍由乾資始坤資生而來○

萃彖傳觀其所聚。而天地萬物之情可見矣。　按萃與睽皆屬夬遘中間消息。夬乾決坤。遘坤消乾。
故兩卦彖傳所言萬物。皆本諸乾坤兩象。
歸妹彖傳天地不交。而萬物不興。　按歸妹由泰來。亦屬泰否消息。乾坤出入於泰否。萬物不興。
與否彖萬物不通同象。歸妹有反否之漸也。
繫辭傳知周乎萬物而道濟天下。故不過。　曲成萬物而不遺。　鼓萬物而不與聖人同憂。　以類萬
物之情。　天地壹壺。萬物化醇。男女構精。萬物化生。　按上下傳所言萬物。皆兼該乾坤。萬物
資始於乾。資生於坤也。下傳釋損卦六三爻。言萬物之化醇與化生。損本由泰反否。虞氏取泰卦象
傳天地交而萬物通。釋萬物化醇。就否反成泰取象。又取說卦傳萬物出震之說。釋萬物化生。就損
反成益取象。損本由二五正成益。（九二虞注二之五成益）取反象者。張氏謂以卦次爲義。是也。損益兩卦屬泰
否消息。萬物之象。與泰否兩象取象同源。
曰杵之利。萬民以濟。蓋取諸小過。　萬民以察。蓋取諸夬。（上署）　按小過由晉來。晉卦下坤。故有
萬民之象。取諸夬者。虞氏就剝卦下坤釋萬民之象。夬旁通剝也。
萬夫之望。（釋豫六二爻）張注坤爲萬。震爲夫。　按萬之數成於乾坤兩策。而基於乾元。乾元從震陽出初
。豫由復卦震初之四。故有萬夫之象。

說卦傳萬物出乎震。中略巽東南也。齊也者。言萬物之絜齊也。中略虞氏絜作潔離也者。明也。萬物皆相見。中略坤也者。地也。萬物皆致養焉。中略兌正秋也。萬物之所說也。中略坎者水也。中略萬物之所歸也。中略艮東北之卦也。萬物之所成終而所成始也。中略神也者。妙萬物而爲言者也。動萬物者莫疾乎雷。橈萬物者莫疾乎風。燥萬物者莫熯乎火。說萬物者莫說乎澤。潤萬物者莫潤乎水。終萬物始萬物者莫盛乎艮。中略然後能變化。旣成萬物也。　按說卦傳於八卦中獨乾卦不言萬物。乾萬物資始。而不言萬物。與文言傳所謂乾始能以美利利天下。不言所利。其道一也。震巽坎離艮兌六子。皆從乾坤變化。萬物之象成於乾坤。神妙萬物而爲言。則專謂乾神。乾不言利。坤不言功。妙之極者。以不言爲言。

序卦傳有天地。然後萬物生焉。　盈天地之間者唯萬物。故受之以屯。屯者盈也。屯者萬物之始生也。虞氏物之始生也物字上有萬字　有天地然後有萬物。有萬物然後有男女。　按乾坤以外。上經以屯卦居先。下經以咸卦冠首。乾坤彖傳皆言天地。咸卦彖傳亦然。咸卦屬泰否消息。乾坤出入泰否。故皆取萬物之象。六十四卦基於乾坤。莫不關乎萬物。而彖傳言萬物者。乾坤以外。祇泰否頤咸恆睽萃歸妹諸卦。大象祇无妄卦言萬物。序卦傳於上下經之首皆言萬物。其餘言物者。序上經卦凡十三見。序下經卦凡十一見。物卽萬物。特簡稱耳。其幷物而不言者。亦多有萬物之象寓乎其中也。

十百千萬等數

繫辭傳乾之策二百一十有六。坤之策百四十有四。凡三百有六十。當期之日。二篇之策。萬有一千五百二十。當萬物之數也。　按乾陽用九。以四象之數乘之。得三十六。坤陰用六。以四象之數乘之。得二十四。乾三十六。坤二十四。各乘六爻之數。乾爲二百一十有六。坤爲百四十有四。取乾陽之九。坤陰之六。各以卦氣二十四節之數乘之。乾之數亦爲二百一十有六。坤之數亦爲百四十有四。兩數之和卽三百有六十。六十四卦三百八十四爻。剛柔各居其半。剛爻百九十有二。柔爻亦如其數。乾陽卦三十二剛爻八十柔爻百十有二坤陰卦三十二柔爻八十剛爻百十有二繫辭傳所謂陽卦多陰陰卦多陽也乾陽三十六。乘以剛柔爻之數。卽百九十二爲六千九百十二。坤陰二十四。乘以剛柔爻之數。百九十二爲四千六百零八。乾坤兩總數相加。卽萬有一千五百二十。據古法演之如此。舉其大數而畧其餘數。卽簡稱爲萬。冠之於物而稱萬物。繫辭傳云。爻有等。故曰物。萬物實萬有一千五百二十物。推而引之。至於無量數。反而約之。貞於一本。

中華民國二十六年夏女遂錄

河洛數釋卷二

南通徐 昂著

書數

易繫辭傳云。天數五。地數五。五位相得而各有合。天數二十有五。地數三十。凡天地之數五十有五。天之數五五相乘。地之數五六相乘。兩乘數之和爲五十五。即河圖之數。洛書四十五。爲五九相乘。洪範九疇法之。用五者占多數。五行五事八政五紀三德七稽疑五庶徵五福六極共一皇極爲大衍之數。初一曰五行。 水火木金土 次二曰敬用五事。 貌言視聽思 次四曰協用五紀。 歲月日星辰曆數 次七曰明用稽疑。卜五。 雨霽蒙驛克 次八曰念用庶徵。 雨暘燠寒風 庶徵即五徵。次九曰嚮用五福。 壽富康寧攸好德考終命 河圖洛書皆五數居中央。爲天地之心。洪範次五曰建用皇極。此所謂五者屬次第之數。以示皇極位九疇之中央也。九疇所取五數。皆法乎洛書中央之數。尚書所載唐虞以來政教之數。大半以五數爲準則。

五典

舜典愼徽五典。五典克從。 孔傳五典。五常之教。父義。母慈。兄友。弟恭。子孝。 孔疏文十八年左傳曰。 上略 舜臣堯舉八元。使布五教于四方。父義。母慈。兄友。弟恭。子孝。以此知五典是五常之教。謂此父義之等五事也。集傳五典。五常也。父子有親。君臣有義。夫婦有別。長幼有序。

朋友有信。是也。

皋陶謨天敘有典。勅我五典五惇哉。　孔傳當勅正我五常之敘。孔疏即父義母慈兄友弟恭子孝是也。集傳敘者君臣父子兄弟夫婦朋友之倫敘也。惇厚

周官司徒掌邦教。敷五典。　孔傳布五常之教。孔疏五典謂父義母慈兄友弟恭子孝也。集傳敷臣君父子夫婦長幼朋友五者之教。

君牙弘敷五典　孔傳大布五常之教。集傳君臣之義。父子之仁。夫婦之別。長幼之序。朋友之信。是也。

五品

舜典五品不遜。　孔傳五品謂五常。孔疏即父母兄弟子是也。集傳五品。父子君臣夫婦長幼朋友。五者之名位等級也。

五教

舜典敬敷五教在寬。　孔傳布五常之教。孔疏文十八年左傳云。布五教于四方。父義。母慈。兄友。弟恭。子孝。是布五常之教也。集傳五教。父子有親。君臣有義。夫婦有別。長幼有序。朋友有信。以五者當然之理而爲教令也。

大禹謨以弼五教。

武成重民五教。 孔傳所重在民及五常之教。集傳五教。君臣父子夫婦兄弟長幼五典之教也。

五常

泰誓（下）今商王受狎侮五常。 孔傳輕狎五常之教。

按五典五品五教皆五常之道。舜典特異其文耳。自唐虞以來。或稱五典。或稱五教。一也。傳疏釋以父母兄弟子。多同春秋家言。 左傳桓公六年修其五教。杜注父義。母慈。兄友。弟恭。子孝。 鄭語韋昭注五教父義母慈兄友弟恭子孝也。舉父母兄弟與子。此內外傳注所同者。 禮中庸云。君臣也。父子也。夫婦也。昆弟也。朋友之交也。五者天下之達道也。 五典以君臣父子夫婦兄弟朋友爲主。 說苑正諫篇孔子曰。上畧君無諤諤之臣。父無諤諤之子。兄無諤諤之弟。夫無諤諤之婦。士無諤諤之友。其亡可立而待。亦以君臣父子兄弟夫婦朋友並列。 禮運篇父慈。子孝。兄良。弟弟。夫義。婦聽。長惠。幼順。君仁。臣忠。十者謂之人義。言長幼而不言朋友。孟子云。父子有親。君臣有義。夫婦有別。長幼有序。朋友有信。長幼該括兄弟而言。 左傳昭公二十六年君令臣共。父慈子孝。兄愛弟敬。夫和妻柔。姑慈婦聽。禮也。舉君臣父子兄弟夫妻以外。參以姑婦。此五典之少異者也。尚書集傳或言兄弟。或言長幼。或言兄弟長幼而不及朋友。亦祇異其文耳。

五禮

舜典修五禮。傳云。修吉凶賓軍嘉之禮。

臯陶謨自我五禮有庸哉。　孔傳當用我公侯伯子男五等之禮以接之。使有常。

按舜典臯陶謨兩篇五禮名同而指別。舜典五禮指所值之事。臯陶謨五禮指所當之級。前者廣而後者狹。吉凶賓軍嘉五禮中各有公侯伯子男五等之禮。

五服　五章附

舜典五服三就。　孔傳既從五刑。謂服罪也。

臯陶謨天命有德。五服五章哉。　孔傳五服天子諸侯卿大夫士之服也。

益稷弼成五服。至于五千。　孔傳五服侯甸綏要荒服也。

周官六年五服一朝。　孔傳五服侯甸男采衛。

按舜典臯陶謨益稷三篇五服同名而異義。益稷五服爲堯制而禹弼成之。禹貢采男屬於侯服。衛屬於綏服。周官五服則自九畿中劃出者也。

五刑　五服五流五宅五用五辭五罰五過五極附

舜典象以典刑。流宥五刑。鞭作官刑。扑作教刑。金作贖刑。眚災肆赦。怙終賊刑。　孔傳五刑墨劓剕宮大辟。

舜典五刑有服。五服三就。五流有宅。五宅三居。　孔傳行刑當就三處。大罪於原野。大夫於朝。士於市。五刑之流各有所居。五居之差有三等之居。大罪四裔。次九州之外。次千里之外。（五服詳前）

大禹謨明于五刑。

皋陶謨天討有罪。五刑五用哉。　孔傳言天以五刑討五罪。用五刑宜必當。

呂刑苗民弗用靈。制以刑。惟作五虐之刑。曰法。殺戮無辜。爰始淫為劓刵椓黥。（中略）觀于五刑之中。（中略）斷制五刑。（中略）兩造具備。師聽五辭。五辭簡孚。正于五刑。五刑不簡。正于五罰。五罰不服。正于五過。五過之疵。惟宮惟反惟內惟貨惟來。其罪惟均。其審克之。五刑之疑有赦。五罰之疑有赦。其審克之。　集傳五辭麗於五刑之辭也。（五罰詳下文墨劓剕宮大辟諸罰鍰）　哲人惟刑。無疆之辭屬于五極。　孔傳以其折獄屬五常之中正。

按皋陶謨五刑與舜典同。呂刑篇所謂五刑墨辟劓辟剕辟宮辟大辟。亦即古之五刑。至於五虐之刑。椓即宮辟。黥即墨辟也。

五瑞

舜典輯五瑞。孔傳舜斂公侯伯子男之瑞圭璧。孔疏周禮典瑞云。公執桓圭。侯執信圭。伯執躬圭。子執穀璧。男執蒲璧。是圭璧爲五等之瑞。諸侯執之以爲王者瑞信。故稱瑞也。

五玉五重附

舜典五玉。孔傳五等諸侯執其玉。集傳卽五瑞也。

顧命越玉五重。

五器

舜典如五器。孔疏周禮大宗伯云。以玉作五器。知器謂圭璧。卽五玉是也。

按五瑞五玉五器所指同一。就瑞信言。則稱五瑞。就物質言。則稱五玉。就琢成之物而言。則稱五器。皆圭璧也。

五辰

皋陶謨撫于五辰。孔傳言百官皆撫順五行之時。孔疏五行之時。卽四時也。禮運曰。播五行於四時。土寄王四季。故爲五行之時也。

五采五色附

益稷以五采彰施于五色。集傳采者靑黃赤白黑也。色者言施之於繒帛也。

禹貢厥貢惟土五色。

五聲 五言附

益稷予欲聞六律五聲八音。在治忽。以出納五言。 孔疏八音之聲皆有淸濁。聖人差之以爲五品。宮商角徵羽謂之五聲。孔傳又以出納仁義禮智信五德之言。施于民以成化。集傳五言者。詩歌之協於五聲者也。

五長

益稷成建五長。 孔傳諸侯五國立賢者一人爲方伯。謂之五長。孔疏王制云。五國以爲屬。屬有長。此建五長亦如彼文。

五邦

盤庚(上)于今五邦。 孔傳湯遷亳。仲丁遷囂。河亶甲居相。祖乙居耿。我往居亳。凡五徙國都。

五爵

武成列爵惟五。 孔傳爵五等公侯伯子男。

右所舉五數。虞書最多。舜典尤占多數。皋陶謨次之。益稷又次之。大禹謨祇一見。其餘則周書數見耳。洪範五數以外。三德(正直剛柔)用三數。六極(凶短折疾憂貧惡弱)用六數。稽疑之數爲七。(卜五雨霽蒙驛克占二貞悔)八政

（食貨祀司空司徒司寇賓師）用八數。九疇屬九數。甘誓五行。呂刑三德。皆源於洪範。其餘各篇用三數者。如舜典三苗。（國名並見禹貢）三危。（地名並見禹貢）三帛。（纁玄黃）三就三居。（詳前）五刑三禮。（祀天神享人鬼祭地祇之禮）三考。（三載考績三考凡九載）大禹謨三事。（正德利用厚生）皋陶謨三德。（九德之中有其三九德詳後）禹貢三江。（松江婁江東江）三品。（金銀銅）三邦。（三國）三錯。（賦第八等雜出第七第九等）三澨。（水名）三澨。（上中下三等之澨）甘誓三正。（子丑寅之正）五子之歌三失。（三畢成數）伊訓三風。（巫風淫風亂風）金縢三壇。（三王之壇）三王。（太王王季文王）三龜。（三人所卜之龜）立政三宅。（居常伯常任準人之位者）三俊。（有常伯常任準人之才者）三事。（任人準夫牧任人即常任進夫即準人牧即常伯）三亳。（蒙爲北亳穀熟爲南亳偃師爲北亳）周官三公。（太師太傅太保）三孤。（少師少傅少保）君陳三細。（三小罪）顧命三宿三祭三咤。（宿進爵祭祭酒咤奠爵禮成於三）畢命三后。（周公君陳畢公）呂刑三后。（伯夷禹稷）費誓三郊三遂。（國外曰郊郊外曰遂）三與五皆陽數。變化系焉。舜典之五服三就。五宅三居。武成之列爵惟五。分土惟三。皆易繫辭所謂參伍以變。錯綜其數也。用六數者。如舜典六宗。（祭時祭寒暑祭日祭月祭星祭水旱）大禹謨六府。（水火金木土穀並見禹貢）皋陶謨六德。（九德之中有其六九德詳後）益稷六律。（陽律統陰六呂）甘誓六卿。（六鄉之卿）六事。（六軍之事）五子之歌六馬。（種馬戎馬齊馬道馬田馬駑馬）胤征六師。（六軍並見泰誓周官康王之誥）周官六服。（侯甸男采衛并畿內）六卿。（天官地官春官夏官秋官冬官）繫辭云六者非它也。三才之道也。用七八兩數者。如舜典七政。（日月五星）八音。（金石絲竹匏土革木並見益稷）咸有一德七世。（三昭三穆與太祖）旅獒八蠻。（天竺啖首僬僥跂踵穿胸儋耳狗軹旁舂）蔡仲之命七乘車。數七者。陽之正也。八者。陰之正也。陰陽多用變不用正。故八之用少於六。七之用少於九。用九數者。如堯典九族。（高祖至玄孫並見皋陶謨）大禹謨九功。（合六府三事）九歌。（歌九功）九敘。（敘九功）皋陶謨九德。（寬而栗柔而立）

愿而恭亂而敬擾而毅直而溫簡而廉剛而塞彊而義九德兩字並見立政益稷九川。九州之川並見禹貢九成。樂九奏終禹貢九河。見爾雅九江。今洞庭九州。冀兗青徐揚荊豫梁雍九山。九州之山九澤。九州之澤仲虺之誥九族孔疏漢代儒者說九族有二案禮戴及尚書緯歐陽說九族乃異姓有屬者父族四母族三妻族二古尚書說九族從高祖至玄孫凡九族堯典云以親九族傳云以睦高祖玄孫之親則此言九族亦謂高祖玄孫之親也昂按左傳桓公六年親其九族杜注九族謂外祖父外祖母從母子及妻父妻母姑之子姊妹之子女子之子幷己之同族皆外親有服而異族者也此說與孔疏二說幷而爲三矣咸有一德九有。卽九州旅獒九夷。畎夷於夷方夷黃夷白夷赤夷玄夷風夷陽夷九仞。周官九牧。九州之牧陽數極於九。爲三之自乘。三六兩數相關者。祇大禹謨之九功。由六府三事相合。皋陶謨之三德六德。由九德析出也。洪範中無以四數系於名物之上者。堯典四表。四方之外四岳。四方諸侯並見舜典周官舜典四朝。五載諸侯來朝者四四門。四方之門四目四聰。四方觀聽益稷四鄰。左右前後之臣禹貢四隩。四海之隩旅獒四夷。東夷西戎南蠻北狄洛誥四輔。四輔猶四鄰多士多方四國。四方之國蔡仲之命四鄰。四鄰之國周官四征。四方征討四民。士農工商畢命四世四夷。文侯之命四匹。馬數皆取四數。至四方四海等詞。尤數數見。舜典大禹謨益稷禹貢胤征伊訓說命（下）泰誓武成周官畢命諸篇皆言四海。大禹謨益稷太甲（中）盤庚（上）說命（上）微子泰誓（上下）牧誓金縢康誥召誥洛誥多士君奭立政顧命康王之誥畢命君牙呂刑諸篇皆言四方。凡取三數者法三才。取四數者法四象。取五數者法天地。繫辭言天數五。地數五。是也。取六數者法六爻。亦所以法坤爻之用六。取九數者。法乾元之用九。七八兩數。正而非變。故貲之者獨少。十則盈矣。盈者

○天道之所斷○地道之所變○人道之所惡○尚書中除伊訓十愆巫風二淫風四亂風四大誥十夫十人外○其納名物於十數者○大半系以畸數○舜典舉十有二州○封十有二山○咨十有二牧○益稷州十有二師○是也○一為數之本○洪範皇極不言數○而厥數為一○咸有一德言一德○盤庚言一心○秦誓言一德一心○皆取法皇極○與易之太極相通○武成一戎衣○旅獒一簣○召誥牛一○羊一○豕一○洛誥騂牛一○立政一話一言○文侯之命秬鬯一卣○彤弓一○盧弓一○秦誓一介臣○此外言一者不備舉○洪範占用二○二出一生○而其數弗良○不信者二其言○不忠者二其心○尚書言二惟堯典二女○金縢二公○召誥二國○牛二○洛誥二卣○顧命二干戈○此外則二或作貳○多加否詞於其前○如大禹謨任賢勿貳○多士惟我事不貳適○皆是○康王之誥不二心之臣○二字前亦系以否詞詩大雅大明篇無貳爾心禮中庸其為物不貳則其生物不測左傳昭公二十六年臣共而不貳韓詩外傳（三）身不貳皆言貳可證反又或言兩不言二○大禹謨兩階○呂刑兩造兩刑兩辭○皆不言二而言兩○易離卦象傳繫辭上傳說卦傳亦皆言兩詩經鄭風兩服兩驂周禮春官兩圭儀禮士冠禮篇兩甒兩豆兩籩禮記檀弓篇兩楹左氏春秋定公三年傳兩佩兩裘論語子罕篇兩端孟子盡心篇兩馬之力爾雅釋宮兩階言兩不言二例不勝舉道德經除次第之數二曰儉外關於兩箇之數者亦多言兩不言二一章此兩者同出而異名六十章夫兩不相傷六十一章夫兩者各得其所欲六十五章知此兩者亦楷式七十三章此兩者或利或害皆足徵也商書言四方○詳前湯誥太甲（上）咸有一德諸篇言萬方○夏書周書皆言四方○詳前無言萬方者○萬邦之稱○為虞夏商周諸書所共舉○虞書堯典大禹謨益稷○夏書五子之歌○商書仲虺之誥伊訓太甲（下）

說命。(上)周書微子之命洛誥周官冏命諸篇皆可證。周官或稱萬國。虞夏商周諸書言皆舉百數。邦皆舉萬數。

人數表

數／人	人臣	
一	一人	湯誓 湯誥 太甲下 盤庚上 盤庚中 盤庚下 泰誓上 泰誓中 泰誓下 金縢 微子之命 康誥 酒誥 多士 蔡仲之命 周官 君陳 顧命
二	二人	洪範 洛誥 君奭 顧命
三	三人	洪範
四	四人	無逸 顧命
五	五人	五子之歌
十	十人	泰誓中 大誥
百	百人	顧命
千	臣三千	泰誓上
億萬	臣億萬	泰誓上
億兆	億兆夷人	泰誓中

康王之誥　畢命　冏命　呂刑　文侯之命　秦誓

夫

一夫

說命下　君陳

十夫　百夫　千夫

大誥　牧誓　牧誓

右所舉人數。商周兩書言一。夏書言五。周書言二三四。推之十百千。若夫萬數。則夏商周三書皆著。而人數推之於萬。極之億兆者。惟周書有焉。

虞書堯典舜典大禹謨。商書湯誥盤庚。（上下）周書泰誓（中）牧誓酒誥君奭呂刑諸篇。皆言百姓。夏書五子之歌。商書咸有一德。周書泰誓（上）武成立政諸篇。皆言萬姓。商書盤庚。（下）周書無逸君陳諸篇。皆言萬民。商書咸有一德篇言萬夫。商書仲虺之誥湯誥伊訓說命。（上）周書武成周官呂刑諸篇。皆言兆民。虞書祇言百姓。而不言萬姓兆民。夏書祇言萬姓。而下之不言百姓。上之不言兆民。該舉百姓萬姓或萬民兆民者。惟周書耳。方域人民皆隨代而增。故其數之多寡。亦因時而判者。

百官爲虞夏商周諸書所共舉。虞書大禹謨。夏書胤征。商書伊訓。說命。（上）周書周官皆可證。

周官又言仲官惟百虞周兩書又言百工。或百揆。或百僚。虞書堯典臯陶謨益稷。周書武成康誥洛誥蔡仲之命。皆言百工。虞書舜典。周書周官。皆言百揆。虞書臯陶謨。周書酒誥多士。皆言百僚。商書盤庚（下）周書金縢。又言百執事。周書又或言百宗工。酒誥或言百君子。召誥或言百辟。洛誥或言百司。立政或言百尹。顧命百工。百揆。百僚。百執事。百宗工。百君子。百辟。百司。百尹。皆卽百官。名異而數同也。

虞書臯陶謨言萬幾。益稷言萬事。周書旅獒言百度。多方言百爲。百度百爲。猶言百事。周代政治繁於有虞。而舉百數不言萬數。此數之以約該博者也。

年月日時數表一

時／數	日
一	一日 臯陶謨 呂刑
二	二日 臯陶謨
三	三日 武成 召誥 畢命
四	
五	五日 召誥
六	六日 召誥
七	七日 召誥 顧命
八	
九	
十	
十一	

旬	月	年	載	祀	紀	時
	一月 武成 二月 舜典 召誥	二年 金縢				
三旬 大禹謨 即三十日	三月 康誥 召誥 多士	三年 無逸 蔡仲之命	三載 舜典	三祀 太甲中 說命上 即三年	三紀 畢命 即三十六年	
	四月 武成 顧命		四載 益稷			四時 堯典
	五月 舜典 多方	五年 多方		五祀 多方 即五年		
	六月 畢命	六年 周官				
七旬 大禹謨 即七十日		七年 洛誥				
	八月 舜典					
		九年 武成	九載 堯典			
十旬 五子之歌 即百日		十年 無逸				
	十有一月 舜典					

年月日時數表二

時／數	月	年	載	祀	世
十二	十有二月 伊訓 太甲中 洛誥	十有二年 畢命			
十三		十有三年 泰誓上	十有三載 禹貢	十有三祀 洪範	
二十八			二十有八載 舜典		
三十三		三十有三年 無逸			
五十		五十年 無逸	五十載 舜典		
五十九		五十有九年 無逸			
七十			七十載 堯典		
七十五		七十有五年 無逸			
百		百年 呂刑			
萬		萬年 梓材 洛誥			萬世 大禹謨 太甲上 中 畢命
萬億		萬億年 洛誥			

右兩表所舉年月日時數。自一至十。推之十有奇。二十有奇。三十有奇。五十有奇。七十有奇。

以至於百。極之於萬。無有以千計者。堯典三百有六旬有六日。康誥服念五六日。至于旬時。皆計數之繁複者。無逸篇或十年。或七八年。或五六年。或四三年。十年外皆屬不定之數。

一二兩數間接連綴者。如舜典二生一死贄。皋陶謨一日二日萬幾。直接連綴者。如康誥一二邦。康王之誥一二臣衛。一二伯父。二三兩數連綴者。如咸有一德篇德二三。其餘兩數連及者。如牧誓六步七步。四伐五伐六伐七伐。百數增進者。如禹貢五百里。百里。二百里。三百里。四百里。呂刑百鍰。六百鍰。千鍰。又計罰之屬。其數爲千。爲五百。爲三百。爲二百。爲三千。前所舉百數萬數外。尚有舜典洪範言百穀。舜典益稷言百獸。文侯之命言彤矢百。盧矢百。泰誓（上）言萬物。千數較少。祇牧誓千夫。呂刑千鍰。益稷五千。泰誓上篇三千而已。

中華民國二十六年冬女涿錄

徐氏全書第二十一種

演玄

南通徐昂著

中華民國三十八年
南通翰墨林書局印

演玄自序

甲戌遊杭。山居課餘。著演玄一卷。今越一紀矣。重理舊稿。竊有感而言曰。揚氏嘗云。後世復有揚子雲。必知玄。昂不敢自謂能知古人。然於揚氏之書。敬庋几席。凝神斂慮而後開卷。每晨虔持先聖先賢尊號。於漢儒中必稱揚子雲夫子。迄今无一日之間。蓋既服其蓍箸之勤。烏得以其美新而蔑之邪。易大傳所謂幽與隱者。兼該乎玄。玄之爲書。不足以囊括易。而其推究陰陽五行。終始循環。以考見吉凶得失。則固易之支流也。揚氏撰太玄以擬易。司馬溫公復撰潛虛以擬玄。象數各別。哲理同歸。登高自卑。行遠自邇。由虛以及玄。由玄以及易。於其顯也而索其隱微。於其著也而探其潛伏。洗心藏密。道在斯乎。溫公亦自謂安知後世復無司馬君實。而其所爲書固不至覆瓿。何論子雲。惟不知于之所演者能不與瓿甗爲緣否也。中華民國三十七年夏徐昂記於西園水木明瑟之館。

二玄之單畫橫列爲一。兩畫橫列爲- -。三畫橫列爲- - -。今因便於學者識別。用字代畫。一畫以一字代之。兩畫以二字代之。三畫以三字代之。象雖或殊。數可類推。三十八年夏昂又識。

演玄目次

演玄

南通徐 昂著

陰陽變化總論

太玄家每首輒變。三首而復初。部三首一變。九首而復初。州九首一變。二十七首而復初。方二十七首一變。八十一首而復初。據司馬光說玄始於中準中孚。終以養準頤。所準之卦。次第相承。與易卦配合節候之序相同。推其變化。相生有序。易以三重。玄以兩重。易陽而玄陰。易之卦八而爻與彖皆六。玄之贊與測皆九。八八相重爲六十四。其數偶。九九相重爲八十一。其數奇。易陰而玄陽。玄以一爲基。一即易之乾元。一生二。二生三。相重有自重他重之別。與易例同。自重凡三變。他重凡六變。合之爲九變。贊與測之數緣是而生焉。

陰陽變化分析

一二三相重變化

一一 二二 三三 一二 二一 一三 三一 二三 三二

一自重爲一一。二自重爲二二。三自重爲三三。此自重之三變也。一與二重。上一下二爲一二。上二下一爲二一。一與三重。上一下三爲一三。上三下一爲三一。二與三重。上二下三爲二三。上三下二爲三二。此他重之六變也。綜合自重他重爲九變。九九相重爲八十一首。八十一首之中。自重亦祇有三變。餘皆他重。演其變化如次。

一二三自重

一一一一中準中孚　二二二二應準咸　三三三三養準頤

右三首屬陽性

一二變化

一二二二銳準漸　二一二二眾準師　二二一二盛準大有　二二二一法準井

一一一二周準復　一一二一閑準屯　一二一一毅準小過　二一一一更準革

一二二一增準益　二一二一裝準旅　二二一一晬準乾

一一二二少準謙　一二一二差準少過　二一一二斷準夬

右十四首前八首陰性。後六首陽性。自銳至法。自增至晬。一皆由上漸次下降。自周至更。自少至斷。二皆由下漸次上升。銳更相對。眾毅相對。盛閑相對。法周相對。增斷相對。裝差相對。晬少相對。銳與法。眾與盛。周與更。閑與毅。晬與少。裝與差。又相反也。

一三變化

一三三三事準蠱　三一三三視準觀　三三一三失準大過　三三三一難準蹇

一一一三僃準屯　一一三一上準升　一三一一從準隨　三一一一滅準損

一三三一爭準訟　三一三一飾準賁　三三一一成準既濟

一一三三狩準臨　一三一三釋準解　三一一三守準否

右十四首屬陽性。自事至難。自爭至成。一皆下降。自僃至滅。自狩至守。三皆上升。事與滅。視與從。失與上。難與僃。爭與守。飾與釋。成與狩。皆相對待。事與難。視與失。僃與滅。上與從。成與狩。飾與釋。又相反也。

二三變化

三三三二勤準蹇　三三二三將準未濟　三三一三堅準艮　二三三三晁準同人

三三二三營準明夷　二三三一唐準遯　二二三一毀準鼎　二二二三迎準咸

三三三一馴準坤　三三二二止準艮　二三三二永準同人

三二二三窮準困　二三二三常準恆　二二三三大準豐

右十四首前八首陰性。後六首陽性。自勤至晁。自馴至永。二皆上升。自營至迎。自窮至大。三皆下降。勤與迎。將與毀。堅與唐。晁與營。馴與豐。止與常。永與窮。各相對待。勤與晁。將與堅。營與迎。唐與竈。馴與大。止與常。又相反也。

一二三變化第一

一二三三傒準需　二一三三彊準乾　二三一三禮準履　二三三一度準節

三三二一劇準大過　三三一二闕準噬嗑　三一三二疑準賁　一三三二務準蠱

一三二三樂準豫　三一二三積準大畜　三二一三去準无妄　三二三一割準剝

右十二首屬陰性。由傒而彊而禮。一遞向下降。至度而極。由劇而闕而疑。一遞向上升。務而極。由樂而積而去。一復向下降。至割而極。傒彊禮度與劇闕疑務相反。樂與割。積與去。亦相反也。

右十二首變化又式

一三三二務準蠱　一三二三樂準豫　一二三三傒準需　二一三三彊準乾

二三三一度準節　三二三一割準剝　三三二一劇準大過　三三一二闕準噬嗑

三一三二疑準賁　三一二三積準大畜　三二一三去準无妄　二三一三禮準履

由務而樂而傒。二遞向上升。至彊而極。由度而割而劇。二遞向下降。至闕而去。由疑而積而去。二復向上升。至禮而極。務樂傒彊與度割劇闕相反。疑與禮。積與去。亦相反也。

一二三變化第二

一二二三達準泰　二一二三密準比　二二一三居準家人　二三三一遇準姤

三二二一晦準明夷　三二一二內準歸妹　三一二二聚準萃　一三二二夷準豫

一二三二耎準需　二一三二斂準小畜　二三一二文準渙　二三二一逃準遯

右十二首屬陽性。由達而密而居。一遞向下降。至遇而極。由晦而內而聚。一遞向上升。至夷而極。由耎而斂而文。一復向下降。至逃而極。達密居遇與晦內聚夷相反。耎與逃。斂與文。亦相反也。

右十二首變化又式

一二二三達準泰　一二三二耎準需　一三二二夷準豫　三一二二聚準萃

三二二一晦準明夷　二三二一逃準遯　二三三一遇準姤　二二一三居準家人

二一二三密準比　二一三二斂準小畜　二三一二文準渙　三二一一內準歸妹

由達而耎而夷。三遞向上升。至聚而極。由晦而逃而遇。三遞向下降。至居而極。由密而斂而文。三復向上升。至內而極。達耎與聚與晦逃遇居相反。密與內。斂與文。亦相反也。

一二三變化第三

一一三二干準升　一一二三戾準睽　一二一三童準蒙　二二一三毅準夬
二三一一廓準豐　三二一一沈準觀　三一二一翕準巽　三一一二唫準否
一三一二進準晉　一三二一格準大壯　一二三一交準泰　二一三一親準比

右十二首屬陰性。由干而戾而童。二逆向上升。至毅而極。由廓而沈而翕。二遞向下降。至唫而極。由進而格而交。二復向上升。至親而極。干戾童毅與廓沈翕唫相反。進與親。格與交。亦相反也。

右十二首變化又式

三二一一沈準觀　二三一一廓準豐　二一三一親準比　二一一三毅準夬
一一二三戾準睽　一一三二干準升　一三一二進準晉　三一一二唫準否
三一二一翕準巽　一三二一格準大壯　一二三一交準泰　一二一三童準蒙

由沈而廓而親。三遞向下降。至毅而極。由戾而干而進。三遞向上升。至唫而極。由翕而格而交。三復向下降。至童而極。沈廓親毅與戾干進唫相反。翕與童。格與交。亦相反也。

以一首準一卦者凡三十五首。以一首準二卦者凡四首。中乖準坎。應乖準離。釋乖準震。飾乖準兌。坎離震兌四卦在卦候之外。與易緯稽覽圖相合。以兩首準一卦者共二十一卦。合之爲四十二首。

屯升小過泰需豫蠱夬比乾咸豐遯同人否賁觀明夷艮大過蹇二十一卦。皆兩首準之。

同耦者皆陽。如一一一一中二二二二應三三三三養是也。不同耦者或陽或陰。顛倒互見。一與三三三配。或與二二三配。皆屬陽性。與二二二配。或與二三三配。皆屬陰性。一一與二二配。或與三三三配。皆屬陽性。與二三配。屬陰性。一一一與三配。屬陽性。與二配。屬陰性。二與一一一配。或與三三三配。或與一三三配。或與一一三配。皆屬陰性。二二與一一配。或與三三配。或與一三配。皆屬陽性。二二二與一配。或與三配。皆屬陰性。三與一一一配。或與一二二配。皆屬陽性。與二二二配。或與二一三配。皆屬陰性。三三與二一配。或與二三配。皆屬陽性。與一二配。屬陰性。三三三與一配。屬陽性。與二配。屬陰性。綜合計之。一一一一一三三三三三三他重。陰陽咸備。二與三二二有陰而無陽。二二有陽而無陰。故凡首中有二或二二三者必屬陰性。有二三者必屬陽性。錯綜者類推。其餘陰陽兩性視配合而異。

一一　一一　二二　三三　一二　二一　一三　三一　二三　三二九首陰陽皆具。依五行

一二　配合。一一水。一二火。一三木。二一金。二二土。二三水。三一火。三二木。三

陰　一三　三金。錯綜變化。其式如圖。第一式一一。爲一與一自重。一陽數。以陽始也。第

陽　二一　九式三三。爲三與三自重。三亦陽數。以陽終也。就圖所列。任以一式爲上首或下

變化圖

二二　首。皆可演爲九圖。上首同式。下首變化。則五行各備。下首同式。上首變化。則
二三　五行分開。以兩首準一卦者。兩首多各具陰陽性。以一首準一卦或一首準二卦者。
三二　陰陽性之配合。與陽盈陰虛之消息不盡符合。五行之配合。與世應八宮之分配亦不
三二　盡同。要其陰陽錯綜。五行循環。則終始如一也。前三式皆陽包陰。第一式以陽終始第二式以陰終始第三式仍以陽終始中三式皆陰包陽。陰陽終始與前三式相反後三式皆陽包陰。陰陽終始與前三式同陽包陰爲離
三三

象。陰包陽爲坎象。乾坤之用在於坎離。坎月由離日而生。離生於乾。故陽之包陰多於陰之包陽。范本每九首皆以陽終始。陽更多於陰。而變化則少矣。陽所占數位爲一三五七九。陰祇有二四六八也。第一式以陽始。第九式以陽終。上下首同軌。乾坤鑿度云。重三三而九。九爲陽德之數。亦爲天德。天德兼坤數之成也。成而後有九。萬形經曰。天門闢。元氣易。始於乾也。玄以中始。準中孚卦。以養終。準頤卦。中孚頤兩卦皆陽包陰。故以陽終始者。基於乾元。易擬辭傳所謂貞夫一者也。

上下首同式與變化

上首同式下首變化

上首一一

一一一一中陽家水 一一一二周陰家火 一一一三礥陽家木 一一二一閑陰家金 一一二二少陽家土

一一二三戾陰家水 一一三一上陽家火 一一三二干陰家木 一一三三狩陽家金

上首一二

一二一一羨陰家水 一二一二差陽家火 一二一三童陰家木 一二二一增陽家金 一二二二銳陰家土

一二二三達陽家水 一二三一交陰家火 一二三二耎陽家木 一二三三傒陰家金

上首一三

一三一一從陽家水 一三一二進陰家火 一三一三釋陽家木 一三二一格陰家金 一三二二夷陽家土

一三二三樂陰家水 一三三一爭陽家火 一三三二務陰家木 一三三三事陽家金

上首二一

二一一一更陰家水 二一一二斷陽家火 二一一三毅陰家木 二一二一裝陽家金 二一二二眾陰家土

二一二三密陽家水 二一三一親陰家火 二一三二斂陽家木 二一三三彊陰家金

上首二二

二二一一睟陽家水 二二一二盛陰家火 二二一三居陽家木 二二二一法陰家金 二二二二應陽家土

二二二三迎陰家水 二二三一遇陽家火 二二三二竈陰家木 二二三三大陽家金

上首二三

二三一一廓陰家水二三一二文陽家火二三一三禮陰家木二三二一逃陽家金二三二二唐陰家土

二三二三常陽家水二三三一度陰家火二三三二永陽家木二三三三昆陰家金

上首三一

三一一一減陽家水三一一二唫陰家火三一一三守陽家木三一二一翕陰家金三一二二聚陽家土

三一二三積陰家水三一三一飾陽家火三一三二疑陰家木三一三三視陽家金

上首三二

三二一一沈陰家水三二一二內陽家火三二一三去陰家木三二二一晦陽家金三二二二瞢陰家土

三二二三窮陽家水三二三一割陰家火三二三二止陽家木三二三三堅陰家金

上首三三

三三一一成陽家水三三一二闕陰家火三三一三失陽家木三三二一劇陰家金三三二二馴陽家土

三三二三將陰家水三三三一難陽家火三三三二勤陰家木三三三三養陽家金

右九式依太玄之序。上首同式。下首九變。各具五行。土居中樞。水火木金。前後夾輔。每式中陰陽相間。以陽始者以陽終。以陰始者以陰終。後式與前式陰陽亦相間。前式以陽始。後式卽以陰始。循環相生。可類推也。

下首同式上首變化

下首一一

一一一一中陽家水一二一一羨陰家水一三一一從陽家水二一一一更陰家水二二一一睟陽家水

二三一一廓陰家水三一一一滅陽家水三二一一沈陰家水三三一一成陽家水

下首一二

一一一二周陰家火一二一二差陽家火一三一二進陰家火二一一二斷陽家火二二一二盛陰家火

二三一二文陽家火三一一二瞼陰家火三二一二內陽家火三三一二闋陰家火

下首一三

一一一三礥陽家木一二一三童陰家木一三一三釋陽家木二一一三毅陰家木二二一三居陽家木

二三一三禮陰家木三一一三守陽家木三二一三去陰家木三三一三失陽家木

下首二一

一一二一閑陰家金一二二一增陽家金一三二一格陰家金二一二一裝陽家金二二二一法陰家金

二三二一逃陽家金三一二一禽陰家金三二二一晦陽家金三三二一劇陰家金

下首二二

一一二二一少陽家土一二二二二銳陰家土一三二二二夷陽家土二二一二二二眾陰家土二二二二一應陽家土

二三三三二唐陰家土三一二二二聚陽家土三二二二二晉陰家土三三三二二馴陽家土

下首二三

一一二三戾陰家水一二二二三蹇陽家水一三二二三樂陰家水二一一二三蜜陽家水二二二二三迎陰家水

二三二二三常陽家水三一一二三積陰家水三二二二三窮陽家水三三三二三將陰家水

下首三一

一一三一上陽家火一二三一交陰家火一三三一爭陽家火二一三一親陰家火二二三一遇陽家火

二三三一度陰家火三一三一飾陽家火三二三一割陰家火三三三一難陽家火

下首三二

一一三二干陰家木一二三二夾陽家木一三三二務陰家木二一三二歙陽家木二二三二竄陰家木

二三三二永陽家木三一三二疑陰家木三二三二止陽家木三三三二勸陰家木

下首三三

一一三三夠陽家金一二三三俟陰家金一三三三事陽家金二一三三疆陰家金二二三三太陽家金

二三三三昆陰家金三二一三三視陽家金三二二三三堅陰家金三三三三三養陽家金

右九式變太玄之序。始中首而終養首。未嘗更變。此不易之道也。下首同式。上首九變。各屬於五行之一種。陰陽相間。後式與前式陰陽亦相間。陽始陽終。陰始陰終。與上首同式之例相若也。

結論

陰陽分配五行。陽水陰水陽火陰火陽金陰金之數各九。陽土陰土之數各四。陰陽數皆相等。惟配木者陽數十。陰數九。合之爲數八十有一。陽多於陰。陽數共四十一。陰數共四十。陽奇而陰偶。陽贏而陰絀也。八十一首陰陽相間。玄首所謂陰陽玼參也。五行之中獨土行之數短絀者。中央尊貴。以簡治繁。易卦五陽一陰者以一陰爲主。五陰一陽者以一陽爲主。希乃爲貴。胥斯道也。木行之數獨陽多一數者。萬物生於東方。乾元出震。所資者大也。

太玄贊辭。晝夜相間。（中初一司馬光注云凡日法八十一分晝贊直前半日夜贊直後半日）晝辭吉多於凶。夜辭凶多於吉。玄測謂夜則測陰。晝則測陽。晝夜之測。或否或臧。實晝多臧而夜多否也。

陽首九贊九測。自初一至上九。由晝而夜。循環至晝而止。陰首九贊九測。自初一至上九。由夜而晝。循環至夜而止。陽首以晝終始。陰首以夜終始。陽首以次五爲主。五居體之中。陰首以次六爲主。四六皆居體之中。中次五司馬光注云光謂三儀之道莫盛于中正故陽家之五贊之中也陰家四六體之中也五爲陽數。得正位而當晝。四六爲陰數。得正位而當晝。陽一中而陰兩中。陽奇陰偶之道也。

九測一二三爲下體。四五六爲中體。七八九爲上體。初一居下體之始。次二居下體之中。次三居下體之上。次四居中體之下。次五居中體之中。次六居中體之上。次七居上體之下。次八居上體之中。上九居上體之極。以內外言。一二三爲內。七八九爲外。四五六爲中。二五八各位一體之中。五尤居上中下全體之中。五爲最尊。與易卦重第五爻同。卽河圖洛書中央之數也。三六九皆過乎中。而九尤過之極者。

晝爲君子。夜爲小人。當晝則得位。當夜則失位。君子當晝則尤吉。小人當夜則尤凶。陽首一三五七九當晝而居陽位。陰首二四六八當晝而居陰位。小人固不及君子也。一二三主思。當晝則吉。當夜則凶。四五六主福。當夜則福減。七八九主禍。當晝則禍減。思在下體。福在中體。禍在上體。吉凶隨乎行。行成乎思。易所謂視履考祥也。一爲思始。二爲思中。三爲思終。思終卽成意四爲福始。五爲福中。六爲福終。福祿相因四爲下祿五爲中祿六爲上祿七爲禍始。八爲禍中。九爲禍終。一居內部最下之位。始基幽微。故爲幽。中夷裝密遇劇馴七首初一贊詞皆有幽字中注幽隱也夷注幽心也密注一位在下故稱大幽遇注一稱幽幽思也劇注幽內也據范望解贊幽微則陰闇。故又爲冥。少逢交傒進爭更斷眾盛大滅禽積成難十六首初一贊詞皆有冥字范望交注冥闇昧也傒注冥陰也盛注冥玄也從初一日幽曠之月冥隨之基晦初一同冥獨見幽貞皆幽冥並用二在思中

○故爲反復○成次二司馬光注云光謂二爲反復三已成意○故爲自如○守次三注云三爲自如按守以陽性當晝故有是象一二三爲內○四出乎內○故爲外佗○四當福之始至○故又爲絛暢○絛次四注云四爲絛暢按絛以陰性當晝故有是象五居中正之位○陽性居陽位中故而得中可云正爲中和○陽性五位當晝○値日之中○故又爲著明○斷次五注云五爲著明六居中體之極○當福之終○故爲盛多○爲極大○七當禍始○故爲失志○爲消○爲敗損○八處禍中○故爲耗○爲剝落○九居禍極○故爲殄絕○爲蠹弊○物極則反○否極則泰○故又爲粹極○晬上九注云光謂九爲粹極能愼終如始全其純正者也按晬以陽性居極位而當晝故有是象玄之贊測雖多於易之爻象○而推陰陽得失之變化○不若易之不可測○故玄者學易之階梯也○

訂正

進次三司馬光注云○三爲思中○過中而當夜○妄進者也○　昂按三爲思終○思中之中字當作終○

逃次六注王曰○六居過滿○失位當夜○養次六注陸曰○六居過滿○失位當夜○　昂按過滿皆當云盛滿○夷事親盛法文唐永視去十首次七王涯注皆釋爲過滿○七過滿而禍始○則六當爲盛滿○詮釋自當一律○次六注盛滿甚多

三一一三守注陽家水○三三一三失注陽家水○三二一三去注陰家水○　昂按水字皆當作木○太玄各首以五行遞相配合○可推而知○范本去注木字亦誤作水○常注水字誤作木○

玄圖十卷十　摧上萬物○司馬光集注云○摧上許責作羅上○宋丁作摧土○田告云摧當作催○土當作咄○蓋

古摧與催同。　昂按摧當作推。太玄本旨注云。摧上盲推而上也。葉子奇說如此。說文土。地之吐生萬物者也。推吐舌頭音雙聲。推上卽吐出。
跋云。疑準賓。沈準觀。翰更定爲觀爲歸妹云。　昂按許翰所改定者不僅疑沈二首。疑準賓定爲疑準觀。沈準觀定爲沈準歸妹。永準同人定爲永準節。蓋以經內兩首準一卦之同人賓。定爲一首準一卦。以一首準一卦之節歸妹。定爲兩首準一卦也。

心一堂術數古籍珍本叢刊　第一輯書目

占筮類			
1	擲地金聲搜精秘訣	心一堂編	沈氏研易樓藏稀見易占秘鈔本
2	卜易拆字秘傳百日通	心一堂編	
3	易占陽宅六十四卦秘斷	心一堂編	火珠林占陽宅風水秘鈔本
星命類			
4	斗數宣微	【民國】王裁珊	民初最重要斗數著述之一；未刪改本
5	斗數觀測錄	【民國】王裁珊	失傳民初斗數重要著作
6	《地星會源》《斗數綱要》合刊	心一堂編	失傳的第三種飛星斗數
7	《斗數秘鈔》《紫微斗數之捷徑》合刊	心一堂編	珍稀「紫微斗數」舊鈔秘本
8	斗數演例	心一堂編	
9	紫微斗數全書（清初刻原本）	題【宋】陳希夷	斗數全書本來面目；有別於錯誤極多的坊本
10-12	鐵板神數（清刻足本）——附秘鈔密碼表	題【宋】邵雍	無錯漏原版秘鈔密碼表　首次公開！
13-15	蠢子數纏度	題【宋】邵雍	蠢子數連密碼表　打破數百年秘傳　首次公開！
16-19	皇極數	題【宋】邵雍	清鈔孤本附起例及完整密碼表　研究神數必讀！
20-21	邵夫子先天神數	題【宋】邵雍	附手鈔密碼表　研究神數必讀！
22	八刻分經定數（密碼表）	題【宋】邵雍	皇極數另一版本；附手鈔密碼表
23	新命理探原	【民國】袁樹珊	子平命理必讀教科書！
24-25	袁氏命譜	【民國】袁樹珊	
26	韋氏命學講義	【民國】韋千里	民初二大命理家南袁 北韋 北韋之命理經典
27	千里命稿	【民國】韋千里	
28	精選命理約言	【民國】韋千里	
29	滴天髓闡微——附李雨田命理初學捷徑	【民國】袁樹珊、李雨田	命理經典未刪改足本
30	段氏白話命學綱要	【民國】段方	民初命理經典最淺白易懂
31	命理用神精華	【民國】王心田	學命理者之寶鏡

32	命學探驪集	【民國】張巢雲	發前人所未發 稀見民初子平命理著作
33	澹園命談	【民國】高澹園	
34	算命一讀通——鴻福齊天	【民國】不空居士、覺先居士合纂	
35	子平玄理	【民國】施惕君	
36	星命風水秘傳百日通	心一堂編	
37	命理大四字金前定	題【晉】鬼谷子王詡	源自元代算命術
38	命理斷語義理源深	心一堂編	稀見清代批命斷語及活套
39-40	文武星案	【明】陸位	失傳四百年《張果星宗》姊妹篇 千多星盤命例　研究命學必備
相術類			
41	新相人學講義	【民國】楊叔和	失傳民初白話文相術書
42	手相學淺說	【民國】黃龍	民初中西結合手相學經典
43	大清相法	心一堂編	重現失傳經典相書
44	相法易知	心一堂編	
45	相法秘傳百日通	心一堂編	
堪輿類			
46	靈城精義箋	【清】沈竹礽	沈氏玄空遺珍 玄空風水必讀
47	地理辨正抉要	【清】沈竹礽	
48	《玄空古義四種通釋》《地理疑義答問》合刊	沈瓞民	
49	《沈氏玄空吹虀室雜存》《玄空捷訣》合刊	【民國】申聽禪	
50	漢鏡齋堪輿小識	【民國】查國珍、沈瓞民	失傳已久的無常派玄空經典
51	堪輿一覽	【清】孫竹田	
52	章仲山挨星秘訣（修定版）	【清】章仲山	章仲山無常派玄空珍秘 門內秘本首次公開 沈竹礽等大師尋覓一生末得之珍本！
53	臨穴指南	【清】章仲山	
54	章仲山宅案附無常派玄空秘要	心一堂編	
55	地理辨正補	【清】朱小鶴	玄空六派蘇州派代表作
56	陽宅覺元氏新書	【清】元祝垚	簡易・有效・神驗之玄空陽宅法
57	地學鐵骨秘　附　吳師青藏命理大易數	【民國】吳師青	釋玄空廣東派地學之秘
58-61	四秘全書十二種（清刻原本）	【清】尹一勺	玄空湘楚派經典本來面目 有別於錯誤極多的坊本

62	地理辨正補註 附 元空秘旨 天元五歌 玄空精髓 心法秘訣等數種合刊	【民國】胡仲言	貫通易理、巒頭、三元、三合、天星、中醫
63	地理辨正自解	【清】李思白	公開玄空家「分率尺、工部尺、量天尺」之秘
64	許氏地理辨正釋義	【民國】許錦灝	民國易學名家黃元炳力薦
65	地理辨正天玉經內傳要訣圖解	【清】程懷榮	秘訣一語道破，圖文并茂
66	謝氏地理書	【民國】謝復	玄空體用兼備、深入淺出
67	論山水元運易理斷驗、三元氣運說附紫白訣等五種合刊	【宋】吳景鸞等	失傳古本《玄空秘旨》《紫白訣》
68	星卦奧義圖訣	【清】施安仁	
69	三元地學秘傳	【清】何文源	
70	三元玄空挨星四十八局圖說	心一堂編	三元玄空門內秘笈　清鈔孤本 過去均為必須守秘不能公開秘密 與今天流行飛星法不同
71	三元挨星秘訣仙傳	心一堂編	
72	三元地理正傳	心一堂編	
73	三元天心正運	心一堂編	
74	元空紫白陽宅秘旨	心一堂編	
75	玄空挨星秘圖 附 堪輿指迷	心一堂編	
76	姚氏地理辨正圖說 附 地理九星并挨星真訣全圖 秘傳河圖精義等數種合刊	【清】姚文田等	蓮池心法　玄空六法 門內秘鈔本首次公開
77	元空法鑑批點本——附 法鑑口授訣要、秘傳玄空三鑑奧義匯鈔 合刊	【清】曾懷玉等	
78	元空法鑑心法	【清】曾懷玉等	
79	曾懷玉增批蔣徒傳天玉經補註【新修訂版原（彩）色本】	【清】項木林、曾懷玉	
80	地理學新義	【民國】俞仁宇撰	揭開連城派風水之秘
81	地理辨正揭隱（足本） 附連城派秘鈔口訣	【民國】王邈達	
82	趙連城傳地理秘訣附雪庵和尚字字金	【明】趙連城	
83	趙連城秘傳楊公地理真訣	【明】趙連城	
84	地理法門全書	仗溪子、芝罘子	巒頭風水，內容簡核、深入淺出
85	地理方外別傳	【清】熙齋上人	巒頭形勢、「望氣」「鑑神」
86	地理輯要	【清】余鵬	集地理經典之精要
87	地理秘珍	【清】錫九氏	巒頭、三合天星，圖文並茂
88	《羅經舉要》附《附三合天機秘訣》	【清】賈長吉	清鈔孤本羅經、三合訣法圖解
89-90	嚴陵張九儀增釋地理琢玉斧巒	【清】張九儀	清初三合風水名家張九儀經典清刻原本！

91	地學形勢摘要	心一堂編	形家秘鈔珍本
92	《平洋地理入門》《巒頭圖解》合刊	【清】盧崇台	平洋水法、形家秘本
93	《鑒水極玄經》《秘授水法》合刊	【唐】司馬頭陀、【清】鮑湘襟	千古之秘，不可妄傳匪人
94	平洋地理闡秘	心一堂編	雲間三元平洋形法秘鈔珍本
95	地經圖說	【清】余九皋	形勢理氣、精繪圖文
96	司馬頭陀地鉗	【唐】司馬頭陀	流傳極稀《地鉗》
97	欽天監地理醒世切要辨論	【清】欽天監	公開清代皇室御用風水真本
三式類			
98-99	大六壬尋源二種	【清】張純照	六壬入門、占課指南
100	六壬教科六壬鑰	【民國】蔣問天	由淺入深，首尾悉備
101	壬課總訣	心一堂編	過去術家不外傳的珍稀六壬術秘鈔本
102	六壬秘斷	心一堂編	
103	大六壬類闡	心一堂編	
104	六壬秘笈——韋千里占卜講義	【民國】韋千里	六壬入門必備
105	壬學述古	【民國】曹仁麟	依法占之，「無不神驗」
106	奇門揭要	心一堂編	集「法奇門」、「術奇門」精要
107	奇門行軍要略	【清】劉文瀾	條理清晰、簡明易用
108	奇門大宗直旨	劉毗	天下孤本　首次公開
109	奇門三奇干支神應	馮繼明	虛白盧藏本《秘藏遁甲天機》
110	奇門仙機	題【漢】張子房	奇門不傳之秘　應驗如神
111	奇門心法秘纂	題【漢】韓信（淮陰侯）	
112	奇門廬中闡秘	題【三國】諸葛武侯註	
選擇類			
113-114	儀度六壬選日要訣	【清】張九儀	清初三合風水名家張九儀擇日秘傳
115	天元選擇辨正	【清】一園主人	釋蔣大鴻天元選擇法
其他類			
116	述卜筮星相學	【民國】袁樹珊	民初二大命理家南袁北韋
117-120	中國歷代卜人傳	【民國】袁樹珊	南袁之術數經典